特別支援教育の技法

JN032702

通級指導担当のための

「アセスメントと個別指導」の技法

増田謙太郎 著

SPECIAL
EDUCATION
SKILL

明治図書

はじめに

　本書はタイトルのとおり，通級指導担当として必要な業務のうち，アセスメントと個別指導に特化した書籍です。アセスメントと個別指導に関するテクニックを「技法」という形でまとめました。

　1章は，「通級指導における自立活動の技法」です。通級指導は，「自立活動」の指導を行う場です。自立活動とは何かについて要点をまとめました。
　2章は，「自立活動によるアセスメントの技法」です。自立活動の内容は6区分27項目で整理されています。これを子どものアセスメントに用いる技法について解説しています。また6区分27項目を基にした実践的な技法もまとめました。
　3章は，「コンテンツとプロセスの技法」です。自立活動の授業はコンテンツとプロセスから設計することで，より授業の質は高まります。
　4章は，「自立活動の授業づくりの技法」です。実際の子どものケースを想定し，その子どもに対する自立活動の授業をどのように構想して，指導案にしていくのかを説明しています。

　かなり専門性の高い内容ですが，初めて通級指導を担当する先生でもわかりやすいように具体的な事例をたくさん載せました。必要なところから，読んでいただければと思います。
　なお，本書の事例の多くは，発達障害の子どもについて取り上げています。しかし，「アセスメントと個別指導」の考え方そのものは他の障害種にも応用できます。

　本書で学んだ技法を，通級指導教室を利用する子どもたちに生かしていただければ幸いです。

Contents

3章　コンテンツとプロセスの技法

4章　自立活動の授業づくりの技法

1章

通級指導における
自立活動の技法

通級指導における自立活動

Check!

通級指導担当は自立活動の専門家！
①通級指導ならではの自立活動の特徴をつかむ
②よくある疑問に応えられるようにする

①通級指導ならではの自立活動の特徴をつかむ

- -

　まず，そもそも自立活動は，特別支援学校の指導領域として設定されているものです。そのため，通級指導ならではの視点で自立活動を捉えることが必要です。**自立活動は，通級指導のためだけにあるものではないのです。**

- 通級による指導は，自立活動を行う場
- 自立活動は，系統的ではなく段階的
- 自立活動は，全員共通で学ぶものではない

通級による指導は，自立活動を行う場

　通常の学級では，国語科や算数・数学科などの授業が行われています。これらは「教科の学習」と呼ばれます。

　通級指導では，自立活動の授業が行われます。ハッキリ言うならば，自立活動の授業しかできません。通常の学級のように，教科の学習を行うことはできません。

ちなみに特別支援学級や特別支援学校は，教科の学習も自立活動もどちらも行います。

通常の学級	通級指導教室	特別支援学級 特別支援学校
教科の学習を行う場	自立活動を行う場	教科の学習＋自立活動を行う場

自立活動は，系統的ではなく段階的

　教科の学習は，学年ごとに学ぶべき内容がだんだん高度になっていきます。1年生で学んだことを生かして2年生の学習をする，2年生で学んだことを生かして3年生の学習をする，というように系統的な学習をしていきます。教科書は，系統性に沿って編集されています。

　自立活動には，系統性がありません。1年生で学んだことを生かして2年生の学習をする，2年生で学んだことを生かして3年生の学習をする，とはなっていません。

　系統的ではなく，段階的な指導をイメージした方がよいでしょう。**段階的というのは，いわゆるスモールステップの指導のことです。**

　できないことをできるようにするためには，いきなり高い目標を設定しても無理です。到達しやすい目標を，少しずつ一歩一歩クリアしていくことで，最終的な目標に到達するようにしていきます。

自立活動は，全員共通で学ぶものではない

　教科の学習は，学習指導要領にて示されている内容を，通常の学級のすべての子どもが履修しなければなりません。「私は国語科だけ学びます」「かけ算は塾で習ったので，学校では違うことをします」ということは認められません。

　自立活動はそうではありません。ある子どもに「1　健康の保持」だけ指導するというようなことは，おおいにあり得ます。**「必要な指導をチョイスする」のが自立活動です。**

教科の学習	自立活動
系統性がある	系統性はない（段階的な指導）
すべての子どもが同じ内容を履修することが基本	必要な指導をチョイスする

②よくある疑問に応えられるようにする

　「通級指導は何をやっているかよくわからない」「自立活動はよくわからない」という声は，在籍学級担任や保護者からもよく聞かれます。

　しかし，このような声から，自立活動の特徴がより一層明確になります。

> Aさんは，漢字の学習が遅れています。通級指導で遅れた分を取り戻してもらえませんか？（在籍学級担任）

　これは「通級による指導は，自立活動を行う場」ということから説明できます。漢字の指導は，国語科における指導です。通級指導は，自立活動を行う場です。国語科などの教科の指導を行う場ではありません。

> なんで通級指導には教科書がないのですか？（保護者）

これは，「自立活動に系統性はない」「自立活動は全員共通で学ぶものではない」ということから説明することができます。

　もちろん保護者は，教育の専門家ではありませんので，丁寧に説明していかなければなりません。

> なんか通級って，いつも子どもが遊んでいますよね。遊ぶだけなら，クラスの子どもを通級に行かせる必要はないと思っています。（在籍学級担任）

　たしかに，通級指導ではゲーム的な活動を行っていることもあるので，通常の学級の授業とは，かなり印象が異なります。

　通級指導が，「遊んでいる」と見られるのか，「自立活動を行っている」と見られるのか。これは信用度が大きく異なります。

　したがって，通常の学級の教師には，自立活動として指導を行っているということを丁寧に説明することが大切です。

　また，上のような誤解を防ぐためには，学校全体で自立活動について理解していくことが必要です。

　逆に言うと，どんなに素晴らしい指導であったとしても，自立活動で説明できない指導は，通級指導の授業としては適切ではないということです。

遊んでいる？

自立活動の授業？

通級指導における自立活動の「目標」

> ### Check!
> 本気で「個」に寄り添う！
> ①「個別の目標」を立てる
> ②小集団指導では２種類のパターンを基に目標を立てる

①「個別の目標」を立てる

自立活動にも，指導の「目標」は必要です。

- ・子ども一人ひとりに目標を立てる
- ・教科の目標を補う立場である

子ども一人ひとりに目標を立てる

通常の学級では，教科の学習の目標は全員一律です。子どもによって「あなただけ，今日の授業の目標はこれ」とはなりません。

これに対して，**自立活動は「あなただけ，今日の授業の目標はこれ」がスタンダード**です。子ども一人ひとりに目標を立てるということです。個別の目標を設定するところが自立活動の特徴です。

教科の目標を補う立場である

　現行の学習指導要領において，教科の学習は資質・能力の３つの柱【知識及び技能】【思考力，判断力，表現力等】【学びに向かう力，人間性等】が示されています。

　教科の学習では，この３つの柱を基にして，単元や本時の目標を設定していくことになります。

　自立活動において，３つの柱に基づいた目標を立てることが必要かどうか，学習指導要領解説には直接的には示されておりません。少なくとも自立活動の学習指導要領※では，３つの柱に基づいた目標の設定については触れられていません。

　それは，自立活動においては，３つの柱に基づいた目標設定は必要ないということを意味しています。正確にいえば，自立活動は「資質・能力の３つの柱の目標を補う立場」であるということです。

　子どもは在籍学級での教科の学習において，資質・能力の３つの柱のいずれかにおいて困難が生じていることがあります。子どもによって，どのような困難があるのかは異なっています。

　子どもの困難を資質・能力の３つの柱で言い換えるならば，このようになるでしょう。

３つの柱	子どもの困難の実態
知識及び技能	・文字を書くことが難しい。 ・文章を読むことが難しい。
思考力，判断力，表現力等	・授業中に適切な言動をとることが難しい。 ・授業で行われる話し合い活動で，自分の意見を伝えることが難しい。
学びに向かう力，人間性等	・授業に参加する意欲がない。 ・課題に対してあきらめてしまう。

自立活動では困難がある部分を指導するという考え方になります。子ども一人ひとりの困難に応じて，それを改善・克服していく指導が，自立活動です。それが「教科の目標を補う立場である」ということです。

　そもそも，自立活動は教科の学習ではありません。教科の学習の観点を自立活動にも適用しなければならないと考えることが，前提からしても誤りであるといえます。そのような誤った適用は，子どもの本当の課題を見失ってしまうことにつながります。

　よく，通級指導でも研究授業が行われます。研究授業に向けた指導案を作成するときに，通常の学級の指導案のフォーマットをそのまま通級指導でも使用することがあります。こうなると，「自立活動の授業で３つの柱の目標をどうやって立てればよいのだろう」と悩んでしまいます。しかし，そもそもが誤っています。

　通級指導は，一般の学校に併設されていますので，研究授業の指導案作成など，どうしても通常の学級のシステムが優勢となります。**もちろん，学校として同じシステムで動かなければならないことはたくさんありますが，通級指導として自立活動の考え方だけは譲れない一線です。**

②小集団指導では２種類のパターンを基に目標を立てる

　通級指導では，小集団指導（グループ学習）を行っていることがあります。小集団指導の場合の目標の立て方を見てみましょう。

　話をわかりやすくするために，２名の子どもが「卒業式に向けた飾りづくり」を小集団で行うとします。

・小集団のグループ全員が同じ「目標」であるパターン
・やることは同じでも，それぞれの「目標」は異なるパターン

小集団のグループ全員が同じ「目標」であるパターン

	ミキオさん	ナツミさん
実態	自信がない。	自信がない。
目標	自信をもって制作活動を行う。	

　二人の子どもは「自信がない」という同じ実態です。同じような実態の子どもなら、同じ目標で指導を行うことができます。

やることは同じでも、それぞれの「目標」は異なるパターン

	ミキオさん	タケトさん
実態	自信がない。	友だちと仲よく活動できない。
目標	自信をもって制作活動を行う。	友だちと協力しながら制作活動を行う。

　実態が異なる場合、やることは同じ（卒業式に向けた飾りづくりという制作活動）でも、目標はそれぞれ別に設定します。

　※自立活動の学習指導要領解説は正式には「特別支援学校教育要領・学習指導要領解説　自立活動編（幼稚部・小学部・中学部）」となっています。本書では特に断りのない場合を除き「自立活動の学習指導要領解説」と表記します。

通級指導における自立活動の「内容」

Check!

6区分27項目は通級指導担当の商売道具！
①6区分を覚える
②通級指導教室や障害種ごとの傾向をつかむ

①6区分を覚える

自立活動の「内容」は，6つの**区分**に分かれています。

1　健康の保持
2　心理的な安定
3　人間関係の形成
4　環境の把握
5　身体の動き
6　コミュニケーション

　これは自立活動の**6区分**と呼ばれています。子どもの生活面や学習面における困難を要素ごとに整理しているものです。
　通級指導担当にとって，この6区分はいわば商売道具です。通級指導担当がアセスメントと個別指導を行う際の技法の基礎中の基礎となります。
　さらに，この6区分の下に，それぞれ3～5の**項目**が設定されています。

1　健康の保持
　(1)　生活のリズムや生活習慣の形成に関すること。
　(2)　病気の状態の理解と生活管理に関すること。
　(3)　身体各部の状態の理解と養護に関すること。
　(4)　障害の特性の理解と生活環境の調整に関すること。
　(5)　健康状態の維持・改善に関すること。

2　心理的な安定
　(1)　情緒の安定に関すること。
　(2)　状況の理解と変化への対応に関すること。
　(3)　障害による学習上又は生活上の困難を改善・克服する意欲に関すること。

3　人間関係の形成
　(1)　他者とのかかわりの基礎に関すること。
　(2)　他者の意図や感情の理解に関すること。
　(3)　自己の理解と行動の調整に関すること。
　(4)　集団への参加の基礎に関すること。

4　環境の把握
　(1)　保有する感覚の活用に関すること。
　(2)　感覚や認知の特性についての理解と対応に関すること。
　(3)　感覚の補助及び代行手段の活用に関すること。
　(4)　感覚を総合的に活用した周囲の状況についての把握と状況に応じた行動に
　　　関すること。
　(5)　認知や行動の手掛かりとなる概念の形成に関すること。

5　身体の動き
　(1)　姿勢と運動・動作の基本的技能に関すること。
　(2)　姿勢保持と運動・動作の補助的手段の活用に関すること。
　(3)　日常生活に必要な基本動作に関すること。
　(4)　身体の移動能力に関すること。
　(5)　作業に必要な動作と円滑な遂行に関すること。

6　コミュニケーション
　(1)　コミュニケーションの基礎的能力に関すること。
　(2)　言語の受容と表出に関すること。
　(3)　言語の形成と活用に関すること。
　(4)　コミュニケーション手段の選択と活用に関すること。
　(5)　状況に応じたコミュニケーションに関すること。

自立活動6区分27項目

この項目はトータルで27項目あります。これを6区分27項目と呼びます。さすがに，27項目までは覚えていなくてもよいですが，どのようなものがあるのかくらいは目を通しておくとよいでしょう。

②通級指導教室や障害種ごとの傾向をつかむ

この6区分27項目は，自立活動の内容となります。しかし，いささか抽象的な表現ばかりです。国語科などの教科の内容に比べて，具体がイメージしにくいのではないでしょうか。

6区分27項目を，通級指導で扱う際には，以下のポイントがあります。

・よく使われる「区分」や「項目」がある
・子どもによっては必要ではない「区分」や「項目」がある

よく使われる「区分」や「項目」がある

通級指導教室の種別や，子どもの障害の状態によって，よく使われる「区分」や「項目」があります。

次の表は，よく使われる「区分」や「項目」をまとめたものです。もちろん子ども一人ひとりによって，必要な「区分」や「項目」は異なります。アセスメントの最初の仮説を立てる際に参考にしていただければと思います※。

【よく使われる区分】

通級指導教室の種別ごと	
情緒障害通級指導	2　心理的な安定，3　人間関係の形成 4　環境の把握，6　コミュニケーション
言語障害通級指導	6　コミュニケーション

難聴通級指導 弱視通級指導	4　環境の把握，6　コミュニケーション

【よく使われる項目】

発達障害の子どもの種別ごと	
自閉症	2　心理的な安定 　(2)状況の理解と変化への対応に関すること 3　人間関係の形成 　(2)他者の意図や感情の理解に関すること
ADHD	2　心理的な安定 　(1)情緒の安定に関すること 4　環境の把握 　(2)感覚や認知の特性についての理解と対応に関すること
学習障害	2　心理的な安定 　(3)障害による学習上又は生活上の困難を改善・克服する意欲に関すること 4　環境の把握 　(3)感覚の補助及び代行手段の活用に関すること

子どもによっては必要ではない「区分」や「項目」がある

　通級指導を利用する子どもに対して「6区分27項目」のすべての指導を行わなければならないという考えは誤っています。

　言い換えると，子どもによっては必要ではない「区分」や「項目」があるということです。

　子どもが真に必要としている「区分」や「項目」を選定できるかどうかが，通級指導担当の技量のひとつです。

※本書では「2　心理的な安定　(2)状況の理解と変化への対応に関すること」のように，便宜上，区分や項目の番号を明示しています。

通級指導における自立活動の「指導方法」

Check!

特別支援教育か？　合理的配慮か？
①特別支援教育と合理的配慮の視点を明確にする
②特別支援教育と合理的配慮に応じた指導方法を考える

①特別支援教育と合理的配慮の視点を明確にする

　通級指導における自立活動の指導方法を考えるにあたって，「特別支援教育」と「合理的配慮」のそれぞれの視点を明確にすることが必要です。

特別支援教育の視点

　特別支援教育は，子どもの特性に応じた指導が基本です。

　例えば，小学２年生では「かけ算九九」の学習を行います。「かけ算九九」を覚えるためには，いろいろな指導方法があります。

　例えば，「九九カード」を見ながら覚える方法があります。これは，視覚優位（見ることが得意な子ども）の特性に応じた方法といえます。

　「かけ算九九」の歌を聞いて覚える方法もあります。これは聴覚優位（聴くことが得意な子ども）の特性に応じた方法といえます。

　子どもが「かけ算九九」を学ぶにあたって，子どもの特性に応じた指導方法を用いれば，きっとその子どもは学習しやすくなります。「かけ算九九」を覚えやすくなるはずです。

　言い換えると，**特別支援教育とは「子どもができることを増やすため」**に

行われるものだといえます。

合理的配慮の視点

　子どもによっては，子どもの特性に応じた指導をしても上手くいかないことがあります。視覚的な方法や，聴覚的な方法を用いても，なかなか「かけ算九九」を覚えることができないこともあります。

　在籍学級では，「かけ算九九」が覚えられない子どもがいても，年間指導計画に従って，どんどん新たな単元の指導が行われていきます。

　2年生で「かけ算九九」が覚えられなかった子どもでも，3年生になれば「わり算」の授業が行われます。「わり算」の授業では，「かけ算九九」が覚えられていないと，授業に参加しにくくなります。

　このような場合に，合理的配慮が必要になります。**できないことには「配慮」をして，授業に参加しやすくすることが合理的配慮です。**

　例えば，「教室に九九表を掲示しておく」という方法を用いれば，「かけ算九九」を覚えることができていない子どもも「わり算」に参加しやすくなります。

	特別支援教育	合理的配慮
特徴	子どもの特性に応じて指導する。	子どもができないことに配慮する。
目的	子どものできることを増やすため。	授業に参加しやすくするため。

②特別支援教育と合理的配慮に応じた指導方法を考える

　特別支援教育と合理的配慮を比べてみると，実施の場や通級指導の役割が明確になります。

	特別支援教育	合理的配慮
実施の場	・通級指導 ・在籍学級での休み時間や放課後の指導 ・家庭学習　等	・在籍学級での教科の授業
通級指導の役割	・通級指導が「個別の指導計画」を作成して指導を行う。	・在籍学級で行うものであるが，どのような合理的配慮が適切なのかは通級指導で確認したり，練習したりする。
「かけ算九九」の指導だと？	・「九九カード」を見ながら覚える（視覚優位）。 ・「かけ算九九」の歌を聞いて覚える（聴覚優位）。 等	・教室に九九表を掲示しておく。 ・電卓を使用する。

通級指導で特別支援教育を行う

　通級指導は子どもの特性に応じた指導，すなわち特別支援教育を行う場です。

　さきほどの「かけ算九九」の例でいえば，在籍学級で上手く「かけ算九九」が覚えられなくて困っている子どもに対して，子どもの特性に応じた「かけ算九九」の指導を行っていくことが通級指導の役割です。

　しかし，この場合，「かけ算九九」を覚えることが目標ではないことに留意が必要です。なぜなら通級指導では「教科の指導」はできないからです。

　そうではなく，自立活動として「自分の特性に合った学習方法を見つけていくこと」が通級指導の目標となります。「自分の特性に合った教材を使えば，かけ算九九を覚えることができた」という経験をすることで，自分の特性に気づけるようにすることが主目的となるのです。

　ちなみに，これは「4　環境の把握」の「(2)感覚や認知の特性についての

理解と対応に関すること」の指導と関連します。

通級指導で合理的配慮の準備をする

　通級指導にて子どもの特性に応じた指導を行ってもなかなか結果が出ない場合は，在籍学級で合理的配慮を行う必要があります。

　３年生の「わり算」では，「教室に九九表を掲示しておく」という方法で大丈夫かもしれませんが，それ以降の算数科の学習では，その方法では対応できなくなります。

　そのような場合において，在籍学級と連携をしながら，どのような合理的配慮が適切なのか確認したり，練習したりすることが通級指導の役割となります。

　例えば，いろいろ試してみた結果，「電卓を使用することが一番よさそうである」ということになったとします。

　そうしたら，通級指導で電卓を使用する練習をしたり，在籍学級の授業のどのようなときに電卓を使うか使わないかを確認したり，電卓を使用するときに授業者に許可を得る練習をしたりといった相談や確認を，通級指導で行っていくことになります。

　ちなみに，これは「４　環境の把握」の「(3)感覚の補助及び代行手段の活用に関すること」の指導と関連します。

2章

自立活動による
アセスメントの技法

自立活動によるアセスメントとは

> **Check!**
>
> 自立活動は通級指導の最強のアセスメントツール！
> ①まず「6区分」で子どもの見取りをする
> ②その後「27項目」で具体的な指導を考える

①まず「6区分」で子どもの見取りをする

　「一方的なやり取りをしてしまうことがある」という主訴の子どもを事例として，自立活動の「6区分」でアセスメントを行ってみます。

> 　Aさんは昼夜逆転して，昼間の活動はイライラしがちである。そのため，一方的なやり取りをしてしまうことがある。

「昼夜逆転した生活」という**健康状態**が，一方的なやり取りの原因として考えられそうです。「**1　健康の保持**」の指導が必要だといえます。

> 　Bさんは，自分の間違いを注意されることをとても恐れている。そのため，一方的なやり取りをしてしまうことがある。

　恐怖心や不安な気持ちが，一方的なやり取りの原因として考えられそうです。「**2　心理的な安定**」の指導が必要だといえます。

Cさんは，相手の表情を見て，どのような気持ちになっているのかを判断することが難しいため，一方的なやり取りをしてしまうことがある。

他者の気持ちを読み取るのが難しいことが，一方的なやり取りの原因として考えられそうです。「3　人間関係の形成」の指導が必要だといえます。

Dさんは，場の雰囲気や周りの様子などに気を配ることが難しく，一方的なやり取りになってしまうことがある。

いわゆる「空気が読めない」ことが，一方的なやり取りの原因として考えられそうです。「4　環境の把握」の指導が必要だといえます。

肢体不自由の通級指導を利用するEさんは，自分でできそうなことも，一方的に介助者にものを頼むことが習慣化してしまっている。

コミュニケーション面にも課題があると考えられますが，自分でできることは自分ですることが重要です。「5　身体の動き」の指導が必要だといえます。

Fさんは，気持ちを「あー」「うー」と大声で伝えている。そのため，一方的なやり取りになることが多い。

言いたいことを言葉で伝えられないことが，一方的なやり取りの原因として考えられそうです。「6　コミュニケーション」の指導が必要だといえます。

この６名の子どもは，「一方的なやり取りをしてしまうことがある」という同じ主訴ですが，それぞれの子どもの実態は多様であることがわかりました。これは，アセスメントのツールとして自立活動の「６区分」を用いたからこそ明確になったわけです。

　「子どもの実態は自立活動の６区分のどれに近いか」とざっくり見立てることが，自立活動の視点を用いたアセスメントです。

②その後「27項目」で具体的な指導を考える

　27項目を用いることで，その区分において，どのような指導が可能なのかがわかります。

Aさんには「１　健康の保持」を選定。
「昼夜逆転」を改善するための指導が必要。
→1(1)生活のリズムや生活習慣の形成に関すること。

Bさんには「２　心理的な安定」を選定。
安心してやり取りに参加するための指導が必要。
→2(1)情緒の安定に関すること。

Cさんには「３　人間関係の形成」を選定。
相手の表情を見て，気持ちを想像するための指導が必要。
→3(2)他者の意図や感情の理解に関すること。

Ｄさんには「４　環境の把握」を選定。

場の雰囲気や周りの様子を把握するための指導が必要。

→４(4)感覚を総合的に活用した周囲の状況についての把握と状況に応じた行動に関すること。

Ｅさんには「５　身体の動き」を選定。

自分でできそうなことは自分でできるようにする指導が必要。

→５(3)日常生活に必要な基本動作に関すること。

Ｆさんには「６　コミュニケーション」を選定。

相手に伝えるための言葉を習得するための指導が必要。

→６(2)言語の受容と表出に関すること。

　６名の子どもの実態に応じて，それぞれ必要な項目を選定することができました。

　このようにすると，自立活動の６区分27項目を基に，子どものアセスメントから指導に結び付けることができます。

　アセスメントの方法にはいろいろなものがありますが，**自立活動は学習指導要領に基づいています。だから，自立活動は教師の専門性における最強のアセスメントツール**になるのです。

1 健康の保持

(1)生活のリズムや生活習慣の形成に関すること

Check!

よりよい生活のために！
①生活リズムを安定させるための指導をする
②他の項目や在籍学級の授業との関連を図る

　この項目は，体温の調節，覚醒と睡眠など健康状態の維持・改善に必要な生活のリズムを身に付けること，食事や排泄などの生活習慣の形成，衣服の調節，室温の調節や換気，感染予防のための清潔の保持など健康な生活環境の形成を図ることを意味しています。

①生活リズムを安定させるための指導をする

　夜遅くまでゲームをしていて，生活が昼夜逆転しかけている。そのため，日中はぼんやりしていることが多く，授業にも集中できていない。

　この事例は，生活リズムが乱れているといえます。生活リズムが乱れていることによって，学校での学習活動が妨げられています。したがって，生活リズムを安定させることによって，学校の学習活動がしやすくなるだろうと考えられます。

生活環境へのアプローチ

　もしかしたら，この子どもだけでなく，家庭全体の生活リズムが整ってい

ないこともあります。このような場合は，在籍学級と連携しないとなかなか解決できないでしょう。通級指導だけで抱え込まないことです。

実践的な技法
在籍学級と連携して，家庭への働きかけをどのように行っていくのか方針を立てる。

子ども個人へのアプローチ

生活リズムの乱れの原因が子どもにある場合は「その原因を一緒に解決する」というスタンスで指導をします。「一人で考えるより，誰かと相談しながら考えた方がよい」という経験がこのような子どもの学習につながります。

実践的な技法
例えば「どうしてもゲームを止められない」子どもであれば，「どうしたら止められるのか」を通級指導担当と一緒に考える。

②他の項目や在籍学級の授業との関連を図る

・給食を食べないことが多い。本人に聞くと「炭水化物は食べたくない」という。
・真冬なのにシャツ1枚のことが多い。本人に聞くと「長袖はチクチクするから着たくない」という。
・髪型はいつもボサボサ。服はシャツがはみ出している。友だちからは，不潔だという目で見られている（家庭の養育の問題ではない）。

生活習慣に関連することとして，食事や服装，身だしなみに関することが挙げられます。

　１番目と２番目の事例の背景として，子どもにこだわりや感覚過敏などがありそうです。生活習慣を改善する必要性を理解できていても，こだわりや感覚過敏があった場合，改善できないことがあります。「改善したくてもできない」わけです。こだわりや感覚過敏は個人差がとても大きいものです。したがって本人の状態によって様々な対応を考えていかなければなりません。

　３番目の事例は逆にこだわりがないのが問題のようです。学校は集団教育の場です。自分は気にならなくても，他者から見たら気になることがあります。身だしなみに関することはもちろん程度にもよりますが，多くの友だちの目から見て不潔と感じるレベルのものに対しては指導することが必要です。

他の項目と関連させる

　本人の状態によって様々な対応をしていかなければならないときには，「項目同士を関連付ける」ことが技法になります。

実践的な技法

「炭水化物は食べたくない」ことが本人のこだわりであれば，本人が納得できる方法を一緒に考えていく。これは，「２　心理的な安定」の項目との関連を図りながら行う指導である。

実践的な技法

「長袖はチクチクするから着たくない」ということが，本人の感覚過敏によるものであれば，自分の状態やしてほしい配慮を他者に伝えることができるようにする。これは「６　コミュニケーション」の項目と関連を図りながら行う指導である。

大人である私たちだって，例えばお酒を毎日飲んでいる人が休肝日を設けるという生活習慣を新たに設けることは，結構大変です。気合いだけでは上手くいかないことも多いです。お酒に代わるジュースなどを飲んでリラックスさせて乗り切ったり（心理的な安定），家族と励まし合ったり（コミュニケーション）しながら休肝日を設けていくのと同じです。

道徳科と関連させる

　道徳科では，主として人との関わりに関することとして「礼儀」，主として集団や社会との関わりに関することとして「よりよい学校生活，集団生活の充実」という内容項目があります。

　在籍学級での道徳科の授業を，通級指導を利用する子どもは学んでいるはずです。しかし，３番目の事例のような「友だちから不潔だという目で見られている」子どもは，在籍学級の道徳授業で自分ごととして考えるところまでいっていないかもしれません。

> **実践的な技法**
> 身だしなみに課題がある子どもであれば，在籍学級の道徳科の「礼儀」や「よりよい学校生活，集団生活の充実」の授業を思い出せるようにする。そのときの学習内容を，子どもがより自分ごととして捉えることができているかどうかを確認する，可能であれば，その学習内容と身だしなみの改善をつなげていく。

1 健康の保持

(2)病気の状態の理解と生活管理に関すること

> **Check!**
>
> 「自己管理」は頼った方がいい！
> ①セルフモニタリングの方法を身に付ける指導を行う
> ②小集団指導を活用した指導を行う

　この項目は，自分の病気の状態を理解し，その改善を図り，病気の進行の防止に必要な生活様式についての理解を深め，それに基づく生活の自己管理ができるようにすることを意味しています。

①セルフモニタリングの方法を身に付ける指導を行う

> 　最近食欲がなくなってきていたり，意欲が低下してきたりしているが，それらの症状が精神性の病気によるものであることを理解していない。

　通級指導は，発達障害などの「障害」による困難への指導を行います。しかし，この項目では「障害」ではなく「病気」を扱っています。事例のような「病気」の症状が学習活動や日常生活の困難につながっているので，改善・克服を図る指導を行います。

　子どもはまだ，どのように自分の心や身体をケアしていったらよいのかがわかっていないことがあります。ここでキーワードとなるのが，セルフモニタリングです。

セルフモニタリングとは，自分自身の状態を観察し，分析することで自己理解を深める方法です。自分の心身の調子の変化に気がつきにくい子どもに，セルフモニタリングの方法を教えていくとよいでしょう。

> 実践的な技法
> 具体的には，日記や健康の記録を書く習慣をつけるための指導をする。そうすると，ストレスとなった要因に気づきやすくなり，そのストレスを軽減する方向へと進める。

②小集団指導を活用した指導を行う

> 座った姿勢から立ち上がるときに，めまいやふらつきを感じるようになり，友だちと一緒に行動することが難しくなっている。

事例のようなことは，全く同じでなくても，同じような悩みを抱えている子どもが身近にいることがあります。そのような同じ悩みを抱えた友だちと小集団指導での活動を行うことが効果的です。

教師から「こうすればよい」という方法を教わることも大事ですが，友だちが実践している方法から，ヒントを得ることが小集団指導の活動では期待できます。

> 実践的な技法
> 小集団指導の活動の中で，自分の経験を基に話し合う場面を設定する。自分の悩みは自分だけでなく，他の人も同じような気持ちになっていたり，苦労していたりするということを共感的に理解できるようにする。

1 健康の保持

(3)身体各部の状態の理解と養護に関すること

Check!

正確な知識や情報をゲットせよ！
①より知識を獲得できるように指導する
②子どもの状態から，子どもを成長させるきっかけを見逃さない

この項目は，病気や事故等による神経，筋，骨，皮膚等の身体各部の状態を理解し，その部位を適切に保護したり，症状の進行を防止したりできるようにすることを意味しています。

①より知識を獲得できるように指導する

- ・視力の弱い子どもが，見えにくいことに引け目を感じ，学習や生活に積極的に取り組めていない。
- ・聴力の弱い子どもが，友だちのひそひそ話についていけずに，疎外感を感じてしまっている。

この項目は，特に弱視，難聴，肢体不自由などの通級指導を利用している子どもたちにとって重要な項目です。

これらの子どもができないことに対して，在籍学級では合理的配慮が必要です。しかし，この事例のように，子ども自身が「引け目を感じている」「疎外感を感じている」というような意識に関することは，合理的配慮だけでは解決できません。

合理的配慮を着実に行う一方で，自分の状態についての知識を獲得していくための指導が必要です。

> **実践的な技法**
> 目や耳などの構造や働きについての理解や，補聴器等を用いる際の留意点等について，書籍やインターネット等で学んでいけるようにする。

②子どもの状態から，子どもを成長させるきっかけを見逃さない

> 身体に障害がある子どもが，SNS で得た情報を鵜呑みにしてしまい，「どうせ自分は障害があるから……」と絶望している。

　現代は「障害」に関する情報が入手しやすくなっています。事例の子どものようにインターネット等で得た情報を鵜呑みにしてしまうことによって，またさらなる困難につながってしまうこともあります。

　この事例のような子どもに対して，自分の身体について正しいと思っていることは，本当に正しいといえるのかどうか，違った見方や考え方を探していくことも学習となります。これは，**クリティカルシンキング（批判的思考）を育てていくきっかけになる**かもしれません。

　「ピンチはチャンス」とよく言いますが，子どもの状態から，子どもを成長させるきっかけを見逃さないことも通級指導担当の技法です。

> **実践的な技法**
> セカンドオピニオン（別な意見）を調べてみる活動を行う。

1 健康の保持

(4)障害の特性の理解と生活環境の調整に関すること

Check!

過ごしやすい環境を探究する！
①アドボカシーの考え方を指導する
②第3の道を探す

　この項目は，自己の障害にどのような特性があるのか理解し，それらが及ぼす学習上又は生活上の困難についての理解を深め，その状況に応じて，自己の行動や感情を調整したり，他者に対して主体的に働きかけたりして，より学習や生活をしやすい環境にしていくことを意味しています。

　ちなみに，「4　環境の把握」にも似たような項目があります。この項目では，「障害の特性」によって，健康状態に何らかの問題が生じている子どもが対象となります。

①アドボカシーの考え方を指導する

- ・吃音がある子どもが，「もし，上手く話せなかったらどうしよう」という不安から，授業に参加すると気分が悪くなる。
- ・感覚の過敏さがある子どもが，運動会のピストルの音が怖くて，運動会が近づいてくると，咳が止まらなくなる。

　子どもは「そんなことを頼んでもいいのかな」という遠慮する気持ちを抱くことがあります。こうした状況においては「アドボカシー」の考え方が重

要になります。アドボカシーとは，子どもが自分で話ができるようにエンパワーすることを意味します。自分の考えや要望を相手に適切に伝え，実現するためには，このアドボカシースキルを子どもに教えていくことが不可欠です。事例のような子どもがアドボカシースキルを身に付けると，将来の社会生活にもつながっていきます。まさに，自立活動です。

> 実践的な技法
> 「こうしてほしい」という声をあげることはおかしいことではないということ，むしろ自分のしてほしいことを担任の先生に伝えることで，担任の先生も助かることがあるということを教えていく。

②第３の道を探す

何かしらの障害があるために，その生活環境で過ごすことが難しい。だからといって，生活環境そのものを自分に合うように変えていくということも難しい。これはジレンマです。第３の道として，「代替手段を考えていく」という考え方を子どもに教えていきます。

> 実践的な技法
> 例えば，教室の騒音で気分が悪くなってしまう子どもであれば，場合によっては図書室で学習をするといったように代替の場所を考える。

また，頼るべき人を代替するという方法もあります。例えば，担任の先生に頼ることが難しい場合は，他の先生や仲のよい友だちに頼っていくというのも「第３の道を探す」ことだといえます。

1　健康の保持
(5)健康状態の維持・改善に関すること

Check!

日頃から下準備！
①関係者と連携する
②子どもの主体性にこだわらない動機づけをする

　この項目は，障害のため，運動量が少なくなったり，体力が低下したりすることを防ぐために，日常生活における適切な健康の自己管理ができるようにすることを意味しています。

①関係者と連携する

- ・運動制限が必要な疾患があり，運動が十分にできていないため，肥満になってきている。
- ・大きな手術を受けた後で生活の管理が必要だが，運動をしたくて仕方がなく，運動しすぎてしまっている。

　この項目は，自分の身体の健康状態を把握して，維持・改善に努めることができるようにすることを目的としています。「1　健康の保持」の区分の全体にいえることですが，大人でも難しいことを目的としています。

　教師だって，職場で毎年健康診断を受けて，身体の情報を数値的にチェックして，必要があれば医療機関に受診することを行っているはずです。これは，この項目の「自分の身体の健康状態を把握して，維持・改善に努めるこ

とができるようにすること」と同じ目的であるといえます。

　しかし，「仕事が忙しいから」「まだ大丈夫だから」といって，健康状態に異変があっても，そのままにしているということはないでしょうか。「健康状態の維持・改善に関すること」は，自分一人で行うにはなかなか難しいことであり，周りのサポートなしでは果たし得ないことであるのかもしれません。

　さて，子どもたちの健康に関して一番のサポートは家庭です。したがって事例のような子どもに対しては，まず家庭と連携することが必要です。

　学校では，養護教諭と連携を図ることが必要です。養護教諭の立場からすると，子どもが何か身体の異変があったときに緊急対応しなければなりません。ある養護教諭がこのように言っていました。「たとえ，その子どもの疾患が1万人に1人の疾患といわれるものであったとしても，その子どもの命を守るためには，適切な対応ができるように，私たち養護教諭は準備しておかなければならない」と。

　自立活動としての目標は，もちろん通級指導担当が作成することになりますが，その目標の設定にあたっては，家庭や養護教諭と相談して目標を設定するとよいでしょう。

> **実践的な技法**
> 通級指導担当が，直接子どもの家庭や在籍校の養護教諭と連携することが難しいようであれば，在籍校の特別支援教育コーディネーターを通して連携する。

　子どもの「健康状態の維持・改善に関すること」に関する方針が，学校・家庭・医療機関で足並みがそろうようになっていることが理想です。場合によっては医療機関（主治医）との連携が必要な場合もあります。

　何か大きな変化が見られたときにはスムーズに対応できることが求められます。そのためにも日頃からの連携が必要です。

実践的な技法
「関係者」の中に，通級指導担当も加わる。

②子どもの主体性にこだわらない動機づけをする

疾患があるため日頃の運動量が少なく，肥満傾向で体力の低下を招いてしまい，日常生活に支障をきたしている。

この事例は，例えばぜんそく発作のある子どもなどで見られることがあります。

これはもしかしたら**二次的な障害**といえるかもしれません。

【二次的な障害に発展する例】
ぜんそく発作が起こる→運動を控えることが多くなる→運動不足→肥満傾向で体力の低下→日常生活に支障をきたす

ぜんそく発作があるために運動量が少なくなることは仕方ないかもしれませんが，それを踏まえたうえで栄養のバランスを考えた食事をとっていかないと，結果として肥満になってしまうということがあり得ます。肥満になったために，さらに身体を動かすことが難しくなり，生活に支障をきたしてしまうという負の連鎖反応になってしまいます。

このように考えると，**事例のような子どもは「病気」が一次的な要因であり，「日常生活に支障をきたしていること」が二次的な障害であると位置づけることができます。**ぜんそくなどの一次的な要因は医療の範疇なので，学校の指導ではどうにもならないかもしれません。しかし，肥満や運動不足を

防ぐなど，生活に支障が出るまでの二次的な障害に係る部分は学校の指導で改善する可能性があります。

　さて，学校では，子どもの主体性を重視することが多いです。主体性を重視すると「子どもから動き出すのを待つ」という指導になってしまいます。

　これを**「動機づけ」**という言葉で表現するならば「内発的な動機づけ」を重視しているということができます。

　しかし，なかなか自分から身体を動かすような意欲がない子どもの場合，「内発的な動機づけ」はなかなか期待できません。「内発的な動機づけ」を重視するあまり，子どもの健康状態がどんどん悪化していっては困ってしまいます。

　「内発的な動機づけ」に対して，外部の力によって動き出すようになることを「外発的な動機づけ」といいます。

　そこで，**「外発的な動機づけから内発的な動機づけへ」**という流れを目指していきます。最初は教師から言われてイヤイヤやむを得ず身体を動かすという段階から，自分なりに身体を動かす意味や価値を理解して，納得して身体を動かすという段階に連続性をもたせた指導計画を考えるのです。

　これは，「2　心理的な安定」の「(3)障害による学習上又は生活上の困難を改善・克服する意欲に関すること」と関連します。

だんだん身体を動かすのが楽しくなってきた！

実践的な技法
なかなか自分から身体を動かすような意欲がない子どもの場合は，最初は教師と一緒に身体を動かしたり，あるいは時間割の中で身体を動かす時間を設け習慣化したりするなど，子どもの主体性にこだわらない指導も，柔軟に考えていく。

2　心理的な安定

(1)情緒の安定に関すること

Check!

不安は心理面に多大な影響！
①「安心」を手に入れる指導をする
②「安全」を手に入れる指導をする

　この項目は，情緒の安定を図ることが困難な子どもが，安定した情緒の下で生活できるようにすることを意味しています。

①「安心」を手に入れる指導をする

・集会など人前で話をする場面があると，不安になる。
・いつも不安な気持ちが強く，そのため授業中に注意や集中がなかなか持続しない。結果として，学習内容が定着しない。

　１番目の事例の子どものように，学校行事等で自分が注目を浴びることがあると心理的に緊張したり，不安になったりすることはよくあります。これは特定の状況に対する一時的な反応であるといえますので，その場面が終われば，その緊張や不安は解消されます。これを「状態不安」といいます。

　これに対して，２番目の子どもの事例は，そもそも不安を抱えやすい特性のある子どもだといえます。他の子どもに比べて，もともと緊張や不安が強いのは「特性不安」といいます。

　いずれの事例においても，**不安に対応するためには「安心」を手に入れる**

44

方法を見つける指導が効果的です。

学校行事等で安心を手に入れる

　よく特別支援学級などでは，緊張や不安の強い子どもが学校に入学する際に，あらかじめ入学式の式場を見学しておきます。これは，その場に「慣れる」ためです。慣れることで不安を和らげるという目的があるのです。

　不安が強い子どもに対しては，慣れるためにどのようなことができるのかを考えていくとよいでしょう。まずは，慣れることで不安が解消されていく経験を積んでいくのです。

> **実践的な技法**
> 音楽会や学芸会などの行事で発表する前に，本番と同じ場所や時間帯にリハーサルを行ってみる。

　子どもによっては，もっと些細なことにも慣れるための指導が必要になってくるかもしれません。その慣れるための指導を自立活動として行っていくことが考えられます。

　特別支援学級では宿泊を伴う行事の前には，念入りに「事前学習」を行います。どのような日程で，どこを見学して，いつ帰ってくるかというようなことは，事前学習で子どもたちは把握します。事前学習を行うことで，宿泊学習に対する緊張や不安が，期待や楽しみに変わっていく効果があります。

　事前学習は，特別支援学級でなくても，宿泊を伴う行事でなくても用いることができます。特に「特性不安」のある子どもは，毎日の予定などの見通しがあると，緊張や不安が軽減されるかもしれません。

　「予定などを知っている状態にすれば，自分も楽しく過ごせる」という経験を積めるようにすることが，自立活動の指導としてのポイントです。

実践的な技法
毎朝，「今日の予定」を確認する習慣をつけることができるような指導
を行う。

具体的な目標を言葉で表す

　スポーツなどの世界では，「イップス」という言葉があります。

　これは，スポーツや演奏など表現において，今までできていたにも関わらず，突然思い通りのパフォーマンスができなくなる症状のことです。野球でピッチャーがイップスになると，ボールが投げられなくなってしまうこともあります。

　イップスの状態になっていると，「普通に」「ちゃんと」「上手く」という抽象的な表現がイメージできなくなるようです。「普通に」という感覚がわからなくなってしまっているために，不安が強まってしまうといってもよいかもしれません。

　よく，不安がある子どもに対して，「普通にやれば大丈夫だよ」という声かけを行っていないでしょうか。「普通にやる」ことがわからない子どもにとって，これは不安が余計に高まる声かけになってしまっている可能性があります。

実践的な技法
例えば，スピーチに対して不安がある子どもであれば，「原稿を見ながらスピーチすれば大丈夫だよ」というような具体的な声かけを行う。

②「安全」を手に入れる指導をする

> ・友だちと意見が異なったときに，自分の気持ちを上手く伝えられずに，
> 自分や友だちを叩いてしまうことがある。
> ・教師から自分のしてしまったことを注意されたときに，「もう死んで
> やる！」と言うことがある。

「安心」と似ていますが，この事例の子どもたちには「安全」というキーワードで指導した方がピッタリくると思います。

事例のような子どもたちの行動に対して，問題行動なら「生活指導案件」，自殺をほのめかす発言なら「教育相談」のようなカテゴライズを学校ではすることがあります。もちろん，そのような対応も必要なのですが，これらを自立活動の指導として考えることが，通級指導担当の技法となります。

もしかしたら，このような事例は，**自分の安全が脅かされたことに対する適応的な反応ではないか**と考えることもできます。

そのようなアセスメントを行うと，**問題行動そのものに視点を当てるのではなく，いかにして子どもが「自分は安全である」という感覚をもてるようにするか**ということが指導上のポイントになります。

実践的な技法

例えば「絶対にあなたのことを叱ったりしないから」「このことは担任の先生に言ったりしないから」と前置きをすることで，まずは子どもが安全を感じられるような状態をつくる。

そのうえで，子どもの気持ちに共感しながら話を聞く。「本当はどうすればよかったのか」「本当にしたかったことは何なのか」を，教師と一緒に考える。

2　心理的な安定

(2)状況の理解と変化への対応に関すること

> **Check!**
>
> 学校は変更や変化が日常茶飯事！
> ①自閉症の子どもの特性からヒントを得る
> ②選択性かん黙の特性からヒントを得る

　この項目は，場所や場面の状況を理解して心理的抵抗を軽減したり，変化する状況を理解して適切に対応したりするなど，行動の仕方を身に付けることを意味しています。

①自閉症の子どもの特性からヒントを得る

> ・運動会の練習シーズンで，いつもの予定と異なったり，急な予定の変更があったりしたときに，どう行動したらよいかわからなくなる。
> ・周囲の状況に意識を向けることが苦手なため，その場に応じた行動をとれないことがある。

　1番目の事例の子どもは，「予定の変更への対応」に心理的な抵抗があるのではないかと考えられます。運動会の練習シーズンは，日々のルーティンとは動きが異なったり，天気によって予定が左右されたりすることがあるからです。
　2番目の事例の子どもは，「周囲の状況に合わせた対応」に心理的な抵抗があるのではないかと考えられます。自分の周りが今どういう状況になって

いるかということだけでなく，その場でのふさわしい言動，**いわゆる「空気を読む」**ということが求められるからです。

　ちなみにこのような事例は，自閉症の子どもによく見られるものです。

【自閉症の子どもの特性】
・他者との社会的関係の形成の困難さ
・言葉の発達の遅れ
・興味や関心が狭く特定のものにこだわること

　「状況の理解と変化への対応に関すること」の項目の指導は，自閉症の特性から多くのヒントを得ることができます。

「他者との社会的関係の形成の困難さ」からヒントを得る

　「他者との社会的関係の形成の困難さ」においては，社会のあいまいな状況に対応することの苦手さが関係します。自閉症の子どもは，「構造化」されたものと相性がよいです。つまり，システム化されたもの，しっかり決まったものや定まったものがある状況だと動きやすいのです。

今週は台風が来そうだから予定の変更があるかもな

　この項目「状況の理解と変化への対応に関すること」についても，「構造化」の考え方を応用していくことができます。

　実践的な技法
　例えば，「9月は運動会当日まで特別時程になる」という見通しがもてるように，学校の年間行事予定をチェックする指導を行う。
　また，天候によって授業の予定の変更がありそうかどうかの見通しをもつために，天気予報をチェックできるような指導を行う。

「言葉の発達の遅れ」からヒントを得る

　自閉症の子どもには，「オウム返し」のように，言葉の発達の遅れが顕著にみられる場合があります。

　通級指導を利用する子どもの中には，言葉の発達の遅れはそれほど見られませんが，「なんか変な話し方をしている」というようなコミュニケーション上の違和感を他者に与える子どもがいます。

> **実践的な技法**
> 相手によって話し方を変えるのが苦手な子どもの場合は，「敬語を使用する場面」など，具体的な場面を想定して練習していく。

「興味や関心が狭く特定のものにこだわること」からヒントを得る

　自閉症の子どもはいつも同じ行動を好んだ結果として，考え方が固定化されてしまうことがあります。これが，同じ状態を保持する（同一性の保持），すなわち「こだわり」となるわけです。

　いくら子どものこだわりが強く不安があっても，学校の予定変更は行われます。実際には，子ども側が予定の変更を受け入れるしかないわけです。そこで，予定の変更を受け入れることができたら，振り返りの場面を設けていくとよいでしょう。上手くできたことには価値づけをしていくことを，通級指導で行うのです。

　「こだわり」という視点があれば，上手く「こだわり」を克服できたときの肯定的な振り返りの指導がポイントになります。

> **実践的な技法**
> 予定の変更を経験した後に，「心配だったけど，予定の変更に合わせることができた」というような振り返りの活動を行っていく。

②選択性かん黙の特性からヒントを得る

> 家庭ではよく話しているものの，学校では教師や友だちと会話すること
> が難しい。

　事例は，特定の場所で話すことができない「選択性かん黙」の子どもであ
ると考えられます。選択性かん黙の子どもは，「話すことができない」わけ
ではありません。心理的な要因により，学校のような特定の場面で話せなく
なってしまうのです。選択性かん黙の子どもは，「話しているのを人に見ら
れる恐怖」「自分の声を人に聞かれる恐怖」というように「不安」というレ
ベルではなく「恐怖」を感じていることもあります。

　選択性かん黙の子どもに対しては，「なんとか話せるようになってほしい」
という指導者側の思いから，会話のトレーニングを設定しがちです。

　しかし，**選択性かん黙の子どもが話すことに対して不安や恐怖を感じてい
ることを考慮すると，会話のトレーニングを行うことはあまり得策とはいえ
ません。**それよりも，自分らしい状態で居心地よくいられる相手や環境を探
す方が大事だといえます。

　この項目「状況の理解と変化への対応に関すること」では，選択制かん黙
の特性に応じた対応が大きなヒントになります。

実践的な技法
学校という場でもリラックスできた経験，みんなと一緒に活動に参加で
きた経験，友だちや教師と楽しく交流できた経験，何かが「できた」経
験などを，不安の低い場面から段階的に増やしていく。

(3)障害による学習上又は生活上の困難を改善・克服する意欲に関すること

> **Check!**
>
> 意欲がすべての始まりである！
> ①動機づけを活用した指導を行う
> ②学習方略を見つける指導を行う

　この項目は，自分の障害の状態を理解したり，受容したりして，主体的に障害による学習上又は生活上の困難を改善・克服しようとする意欲の向上を図ることを意味しています。

①動機づけを活用した指導を行う

- ・文字を読むことに困難があり，教科書を音読するときは，全く口を開こうとしない。
- ・文字を書くことに困難があり，ワークシートに書くことを求められる場面では，全く書こうとしない。

　事例の子どもたちは，「文字を読むことに困難」「文字を書くことに困難」があります。おそらく学習障害（LD）ではないかと考えられます。「文字を読むことが上手くできない」「文字を書くことが上手くできない」ので，学習に対する意欲が下がっているとみることができます。

　もちろん，誰だって上手くできないことに対しては，意欲が上がりません。このような子どもたちに「頑張ればできるよ」という叱咤激励しても，あま

り効果的ではないと思われます。もし，無理に頑張らせたとしても「頑張ったのに成果が出ない」という無力感につながってしまうかもしれません。そうすると，ますます意欲が下がってしまうことも考えられます。

内発的動機づけだけにこだわらない

　学校では，以前は「関心・意欲・態度」，現在の学習指導要領では「主体的に学習に取り組む態度」を養っていくことが求められています。これは，子どもの内面から湧き出るような意欲がイメージされがちです。動機づけの言葉で言えば，「内発的動機づけ」を重視している印象ともいえます。

　しかし，この事例のような意欲が低下している子どもにとって，内面から湧き出るような「内発的動機づけ」を期待するのは現実的ではありません。「内発的動機づけ」だけでなく，「外発的動機づけ」も用いていくことが必要です。

　「外発的動機づけ」の特徴は賞罰が伴うというところです。賞罰といっても，例えば「この課題を一つやったら宿題をなしにしてあげるね」「これを勉強すれば，きっと志望校に受かるよ」というようなことでもよいのです。

　ポイントは，最初は「外発的動機づけ」でスタートしたとしても，子どもが「できるかも」という感覚をもてるようにしていき，少しずつ「内発的動機づけ」に移行していけるようにすることです※。

> **実践的な技法**
> 外発的動機づけを用いた際には，子どもが「できる」という感覚をつかめるようにしていく。

※参考　1　健康の保持　(5)健康状態の維持・改善に関すること

ゲーム的な要素を取り入れる

　ゲームに意欲的な子どもは多いです。なぜ，一般的な学習だと意欲的になることができず，ゲームだと意欲的になれるのでしょうか。

【なぜゲームは意欲的になれるのか？】

・子どもの興味を引く魅力的な要素が多く含まれている。

・直感的でわかりやすい。

・失敗しても何度でも繰り返し挑戦できる。

・できたことに対して点数を通じ，わかりやすく評価してくれる。

　ゲームに意欲的になれる要素を応用して，自立活動の学習活動に取り入れていくことが通級指導担当の技法となります。

実践的な技法

「子どもの興味を引く魅力的な要素が多く含まれている」を応用して，例えば鉄道が好きな子どもであれば，鉄道が出てくる教材を使用する。

「直感的でわかりやすい」を応用して，授業でタブレット端末の教材を使用する。

「失敗しても何度でも繰り返し挑戦できる」を応用して，同じワークシートを何枚か用意しておき，間違えたときは新しいワークシートを与える。

「できたことに対して点数を通じ，わかりやすく評価してくれる」を応用して，「これができたら10ポイント」のように数値化して評価する。

---

②学習方略を見つける指導を行う

　学習方略とは，学習を「どのようにやるか」という方法のことです。

在籍学級では，基本的に教師が決めた特定の学習方略が，クラスの子どもたちのスタンダードな学習方略になることが多いです。

　しかし，本来，子どもたちは一人ひとり，自分に合った学習方略があります。もしかしたら，在籍学級でスタンダードとなっている学習方略が，ある子どもには合わないということもあります。そのような子どもは，他の方略を試したらできるということも十分に考えられます。

　したがって，通級指導では，子どもがどの学習方略が合っているのかを見つけていきます。

　もしかしたら，「頑張ったのに成果が出ない」とあきらめてしまう子どもは，「何か他の方法があるかもしれない」という考えに至っていないかもしれません。

　人間には，自分の行動の主人公でありたい，という基本的な欲求があります。他者が決めたやり方に従うしかなく，それで効果が出ないという状況は無力感を引き起こしやすいのです。

　「頑張ったのに成果が出ない」状況でも，何とか打開策があると思っていれば，無力感にはおちいらなくて済みます。

　「頑張ったのに成果が出ない」のは，その取り組みの方法が正しくなかった，だから違う方法でやってみたらどうだろうかと考えられるようになると，打開策が見つかるようになります。

> **実践的な技法**
> 在籍学級での学習方略以外を試してみる。例えば「漢字を覚えるのが苦手」な子どもなら，「部首とつくりのパズル」を用いたり，「たてせん，よこぼう」のように唱えて覚えたりする方略を行う。その過程で得意な方法が見つかったら，「その方法を使えばできる」ということを価値づけていく。

3　人間関係の形成
(1)他者とのかかわりの基礎に関すること

Check!

社会参加のための第一歩を整える！
①「愛着に課題のある子ども」の特性からヒントを得る
②「他者に関心がない子ども」の特性からヒントを得る

　この項目は，人に対する基本的な信頼感をもち，他者からの働き掛けを受け止め，それに応じることができるようにすることを意味しています。

①「愛着に課題のある子ども」の特性からヒントを得る

・友だちに向かって，教室ではさみを投げつけてしまい大騒ぎになったが，なかなか反省することができない。
・初めて会った大人が好意的に遊んでくれると，なれなれしく接し，「もっとやって」と過剰に要求することがある。

　事例の子どもたちは，もしかしたら愛着に課題があるかもしれません。
　ここでは，理由を問わず子ども自身がなかなか愛着を感じることができていない子どものことを，「愛着に課題のある子ども」と呼びます。
　「愛着に課題のある子ども」は，在籍学級にて困難を抱えやすい傾向があります。まさに「他者とのかかわりの基礎」から指導していくという点で，この項目による指導が効果的です。

子どもの気持ちを教師が言葉で表現する

　子どもが何かトラブルを起こしてしまった後に，よく「どんな気持ちだったの？」「どんな気持ちがした？」と気持ちを言語化するような「振り返り」を学校では行うことがあります。そもそも学校での指導としての「振り返り」というものは，言語化が基本だからです。

　「愛着に課題のある子ども」は，自分の気持ちや，相手の気持ちを言語化することが難しいことがあります。「どんな気持ちだったの？」「どんな気持ちがした？」と尋ねられても，「愛着に課題のある子ども」は上手く答えられないのです。

　「愛着に課題のある子ども」への対応からは，まず**教師が子どもの気持ちを言語化してあげる**という指導のヒントが得られます。

そっか、嫌な気持ちになっちゃったんだね…

実践的な技法
何かトラブルを起こした場合は，教師が「嫌な気持ちになっちゃったんだね」とその子どもの気持ちを言語化する。そのようなかかわりを増やしていき，自分の気持ちを言語化できるようにしていく。

他の反応を試しながら，観察をする

　「愛着に課題のある子ども」の中には，初対面の人でもベタベタして，だっこやおんぶなどのスキンシップを過剰に求めたり，「二人だけで遊ぼう」と教師を独占しようとしたりしてくることがあります。

　大人側が適切に対応したとしても，子どもは満足できず「もっとして」と

要求するようなことがあります。このようなタイプの子どもの扱いに慣れていない教師だと、子どもの言いなりになってしまいがちです。ますます子どもの要求がエスカレートしてしまうことになります。

　まず、子どもの様子を観察することが大切です。教師が少しずつ反応を変えていくことで、その反応の違いを観察します。

　「愛着に課題のある子ども」への対応からは、**少しずつ反応を変えていく**という指導のヒントが得られます。

実践的な技法

例えば「だっこ！」と要求されたときに、だっこをするのではなく、一緒に手をつないでトランポリンで遊んでみる。そのようなかかわりをしたときの子どもの反応を観察していく。

---

②「他者に関心がない子ども」の特性からヒントを得る

・友だちのしてほしいこともおかまいなしに、自分のしたいことを優先してしまう。
・友だちの名前などに関心がなく、覚えていない。

　自閉症の子どもの中には、他者が自分とは異なる感情や志向をもつということを想像するのが難しい特性のある子どもがいます。これは「心の理論」として説明されます。そのため、1番目の事例の子どもの場合は「あの子どもは自分本位で、相手の都合などを考えずに行動してしまう」というようなネガティブな評価をされがちです。

　また、2番目の事例の子どものような「友だちに関心がない」という子どもの場合は、「あの子どもは、クラスの中で浮いた存在だ」というネガティ

ブな評価をされてしまいがちです。いずれにしても,「他者への関心」につ
いての指導が必要であると考えられます。

　学校教育とりわけ通常の学級では,他者への関心が普通にある子どもであ
ることが前提のカリキュラムになっています。「対話的な学習」や「協働的
な学習」などは,「他者とかかわること」を前提に子どもたちが学習を進め
ていく授業デザインです。「他者とのかかわりが難しい子ども」たちは,「対
話的な学習」や「協働的な学習」などへの参加が難しくなっていくことが予
想されます。

他者を意識する機会を設ける

　このような子どもたちには,自分の周りにはいろいろな属性をもった人が
いることに気づかせていく指導が考えられます。

> **実践的な技法**
> 「今日は何の日?」という活動を行い,クラスの友だちの誕生日につい
> て知ったり,あるいは母の日,父の日など人の属性に関する記念日等を
> 調べたりする。

小集団で他者とかかわり合う活動を設ける

　もし通級指導で2～3名の小集団指導による活動が行えるようであれば,
子どもたち同士がかかわり合う遊びやゲームなどを活動に入れていくとよい
でしょう。

3　人間関係の形成
(2)他者の意図や感情の理解に関すること

Check!

人間は多様，だから人間関係も多様！
①「多面的・多角的な思考」を指導する
②「人の匂いを消す」指導を考える

　この項目は，他者の意図や感情を理解し，場に応じた適切な行動をとることができるようにすることを意味しています。

①「多面的・多角的な思考」を指導する

・相手の言動から想像して，相手の意図を読み取ることが難しい。そのため，相手が望んでいる対応や，その場にふさわしい対応ができないことがある。
・相手の表情から想像して，相手の感情を読み取ることが難しい。そのため，相手を余計に怒らせてしまうことがある。

　事例の子どもたちは，相手の言動や表情から，意図や感情を想像することが難しいようです。この項目の「他者の意図や感情の理解」の指導が必要な子どもたちです。
　自閉症の子どもの多くが，このような特性をもっているといわれます。
　自閉症の子どもにとって，他者の意図や感情を理解することは不可能であるということではありません。自分なりに，他者の意図や感情を理解してい

るのですが，その理解の仕方がユニークであることが多いのです。

　ユニークだから，**実際の場面にそぐわないこともあるのです。**結果として「あの子どもは，相手の言動や表情から想像して，相手の意図や感情を読み取ることが難しい」とネガティブな評価をされてしまいます。

　さて，「他者の意図や感情の理解に関すること」の指導の方向性ですが，まず「人によっていろいろな考えがある」ということの理解がポイントになります。言い換えると，他者との関係においては，自分の判断がいつも正しいわけではないということを，子どもが理解できるようにしていくことです。

> 実践的な技法
> 読み物教材や場面絵を使用して，登場人物の気持ちや行動の理由として考えられるものを，複数挙げていく。複数挙げたものを比べて，いろいろな見方があることを知る。

　人によって多様な考え方があること，答えは一つではないという考え方は，在籍学級の道徳科の授業づくりとも大きく関連します。

　道徳科では「多面的・多角的に考える」ことができるような授業づくりが求められています。道徳科では，答えが一つではない問いを扱います。その問いにおいてよりよい行為を選択できるようにするためには，多数の道徳的価値について，単に一面的な決まりきった理解ではなく，多面的・多角的に理解することが求められます。

　道徳科は「正直な心とは何か」「友情とは何か」のように道徳的価値のある言葉の理解が目標となります。これに対して，自立活動では，子どもが学校等で経験した出来事や，今まさに子どもの目の前で起こっている事象に対して，多面的・多角的に理解できるようにしていくことが目標になります。そのような日常的な場面を題材にして，子どもがその場面での言動について多面的・多角的に理解できるようにしていくことが，通級指導担当としての

技法になります。

> 実践的な技法
> 例えば「友だちとトラブルになっている場面」を，複数の教師でロール
> プレイによって演じてみる。子どもはそのロールプレイを見て，その時
> の当事者たちの意図や感情でいくつか考えられることを挙げてみる。

②「人の匂いを消す」指導を考える

・・・

> ・人への気持ちに過敏に反応してしまう子どもが，自分の本当にやりた
> いことを我慢して，人に合わせてしまう。
> ・相手がちょっと表情を曇らせただけで，「自分が何か悪いことをした
> んだ」という思いにとらわれて，相手の言う通りに行動してしまう。

　事例の子どもたちは，「他者の気持ちに過敏に反応してしまう子ども」で
あるといえます。

　1番目の事例の子どもは，例えば何か係を決めるときに「私はこの係に立
候補したいのだけど，あの友だちもきっとこの係をやりたいだろうな。かわ
いそうだから譲ってあげよう」というように，自分が本当にやりたいことを
我慢しているようなケースです。

　2番目の事例の子どもは，はたからみたら「いじめ」と判断されるような
ことでも，加害者の気持ちに過敏に反応して「いじめられているとは思って
いなかった」と加害者側をかばってしまうようなケースです。いじめのトラ
ブルに巻き込まれてしまうリスクがあります。

　仲間内で，他者の意図を汲み取りすぎた結果，他者に命令されていじめの
加害者側になってしまうことだってあるかもしれません。

この２つの事例のように，「他者の意図や感情の理解」の力が高すぎても，日常生活においては困難を抱えやすくなってしまう可能性があります。

　このような子どもへの指導のポイントは，なるべく「人の匂いを消す」ことです。
　学校では友だちと一緒に考えることが「対話的な学び」として進められていますが，これは「人の匂いがする」状況での学習です。また，実際にあった出来事を教材として取り上げるのも，リアルな「人の匂い」がします。
　そうではなく，なるべく人と接しなくて済む学習環境を用意したり，自分とかかわりのない人を事例として用いたりして指導をするのが，「人の匂いを消す」という技法です。

実践的な技法
「この場ではどのような行動がふさわしいか」という学習をする際には，一人で静かに考えられる環境を用意する。
例えば，教科書のような文字情報を基に考えたり，あるいは会話の場合はアプリのチャット機能を利用したりする。

　このような子どもたちが，何か自分一人で考えたいと思ったときに，「人の匂いを消す」方法を用いることができるようになるとよいでしょう。それが指導のポイントになります。
　「大事なことは一人で静かに考えることが，自分には必要だ」というようなことを理解できるようにしていくとよいでしょう。

静かにひとりで考えると上手くいきそうだ！

3　人間関係の形成

(3)自己の理解と行動の調整に関すること

Check!

子どもの成功を共に喜ぶ！
① ADHD の子どもの特性からヒントを得る
②自信のない子どもの特性からヒントを得る

　この項目は，自分の得意なことや不得意なこと，自分の行動の特徴などを理解し，集団の中で状況に応じた行動ができるようになることを意味しています。

① ADHD の子どもの特性からヒントを得る

・クラスのみんなで行事に向けた制作を行っていたときに，不注意のために，みんなで作成したものを台無しにしてしまうことがあった。
・何度注意されても廊下を走ってしまうなど，衝動性があるため，学校のルールに関わる違反を繰り返してしまう。

　この事例では，不注意と衝動性というキーワードが見られます。不注意と衝動性というキーワードからは，ADHD の子どもの姿が浮かびます。

　1番目の事例の子どもは不注意のため，クラスのみんなに迷惑をかけてしまっています。2番目の事例の子どもは衝動性のため，ルール違反をしてしまっています。いずれも人間関係に支障をきたしてしまいます。

　ここでポイントになるのは，この子どもたちが自分の行為が「いけないこ

とであること」を理解しているかどうかです。ADHD の子どもの多くは，その行為が「いけないことであること」と理解をしていることが多いです。「いけないことであること」はわかっている。しかし，不注意や衝動性のために，その行動をしてしまったというアセスメントが必要です。

　だから，不注意や衝動性の特性がある子どもに対して，通級指導の場で，反省を促すような指導や，場面を設定したソーシャルスキルトレーニングなどは，「そんなことぐらいわかっている」という反応になりがちです。通級指導の場では「わかった」となっても，また同じことを繰り返してしまうかもしれません。

　子どもの立場になってみましょう。「そんなことぐらいわかっているのに，また同じ指導をされている」と馬鹿にされたような心情を抱いてしまうこともあるかもしれません。これは子どもを傷つけてしまいます。

　不注意や衝動性の特性がある子どもで，一番気をつけなければならないことは，その子どものプライドを傷つけないことです。そもそも，何度も失敗してしまっているので，自己肯定感は下がりがちだと思っていた方がよいでしょう。

　不注意や衝動性などの特性への対応からは，この項目の「自己の理解と行動の調整に関すること」の指導を行う際には，対話的なアプローチをしていくとよいというヒントが得られます。対話的なアプローチは「指導する」というスタンスではなく，「コーチする」というような教師の姿勢が必要です。

　つまり，教師の意見や価値観を押し付けるのではなく，子どもの気持ちや考え，意見を尊重していく指導です。

実践的な技法
失敗してしまった事例に対して「あなたはこれからどうしたいの？」というように，教師が問いかける。子ども自身が，自分の気持ちや今後やりたいこと，なりたい姿について考えるためのきっかけを与えていく。

子どもが教師との対話を通じて、「自己の理解」を深めていけるようにすること、子どもが「こうなりたい」という希望が実現するような「行動の調整」を図れるようにしていくこと、そのために必要なスキルを身に付けていくことなどをすることが、通級指導担当の技法となります。

　また、考えたことをやってみて実際にどうだったかという振り返りの指導も重要です。振り返りの活動では、ちょっとした成功や、あるいは今までと変わったことなどを教師は肯定的に評価していきます。子どもが自信をつけていけるように働きかけていくのです。

　子どもが一人で孤独に取り組むのではなく、通級指導担当が伴走者のように、一緒に子どもの課題改善に取り組んでいくという寄り添う姿勢が、「自己の理解と行動の調整」を支えることになります。

②自信のない子どもの特性からヒントを得る

- ・休み時間には大きな声を出して遊んでいる様子が見られるが、グループで話し合いをするときや発表の場面で自信がないと黙ってしまい、その場をやり過ごそうとしている。
- ・「みんなに見られるのがイヤだから」と言い、行動をためらったり、その場から逃げてしまったりすることがある。

　この2つの事例の子どもは、子どもなりに自分の弱さを隠して在籍学級に適応しようとしている姿なのかもしれません。

　「人間関係の形成」の視点から見ると、誰しも、自分の弱さは見られたくないものです。しかし、自分の弱さを隠すことに集中しすぎてしまうと、「助けを求めるのは恥ずかしい」「自分にできそうにないことに挑戦したくない」などと、在籍学級での消極的な行動につながってしまいます。

> **【二次的な障害に発展する例】**
> 上手くできない→どうせやってもできない

　このように考えると，「上手くできない」という一次的な障害が，「どうせやってもできない」という二次的な障害になってしまうということです。

　したがって，このような子どもに対しては，たとえ一次的な障害があったとしても，肯定的な感情をもてるようにしていくことが必要です。

> 実践的な技法
> 「自分の良いところ探し」の学習活動を行い，自分の長所に目を向けることができるようにする。

　「自分の良いところ」を探すということは，「自己の理解」のための学習となります。「自分の良いところ」は，まず「自分には他の人に負けないことがある」という強みを見つけることです。

　また，ネガティブな特徴をポジティブにリフレーミングすることも考えられます。例えば，「意見が言えない」というネガティブな特徴はリフレーミングすると，「協調性がある」というポジティブな特徴になります。

　「自分の良いところ」を見つけることは，自信を高めることにつながります。自信を高めることは，自分自身に対する信頼，つまり自己肯定感につながります。

　自己肯定感は，学校でよく使われる言葉ですが，特に「人間関係の形成」においては，プラスの影響を及ぼすものとして期待できます。

　自立活動の指導における「自分の良いところ探し」の活動は単発で行うのではなく，定期的，継続的に行う必要があります。自分の強みやポジティブな側面に光を当てる習慣をつくっていけるようにします。

3 人間関係の形成

(4)集団への参加の基礎に関すること

Check!

会話と態度が集団参加のカギ！
①会話に参加しやすくなるような方法を考える
②過剰に適応している子どもには気をつける

　この項目は，集団の雰囲気に合わせたり，集団に参加するための手順やきまりを理解したりして，遊びや集団活動などに積極的に参加できるようになることを意味しています。

①会話に参加しやすくなるような方法を考える

- ・友だちとの会話でよく使われる言い回しが理解できず，そのためにあまり友だちとの会話に加わろうとしない。
- ・友だちの話している内容を覚えていることが苦手で，そのため，友だちとのかかわりを避けるようになっている。

　事例の子どもたちは，会話において困難があるだけでなく，会話に加わらなかったり，会話の場を避けたりするような状態になっています。これだと，友だちとのコミュニケーションの機会がなくなってしまいます。そうなると，集団への参加もどんどん難しくなってしまいます。

　集団に参加できないと，子どもは孤立感を感じてしまいます。それが，不登校やうつ状態などにつながってしまう可能性もあります。

したがって，「集団への参加の基礎」をつくるために，友だちとの「会話」の状況を改善することがひとつ考えられます。

　1番目の事例の子どもは「よく使われる言い回しが理解できない」ということです。「よく使われる言い回しが理解できない」のは，子どもの語彙が少ないことが原因かもしれません。語彙を増やせばよいのではないかと考えられますが，一朝一夕に語彙が増えるわけではありません。

　2番目の事例の子どもは「話している内容を覚えていることが苦手」ということです。「話している内容を覚えていることが苦手」ということは，一時的に話の内容を記憶していく「ワーキングメモリ」の機能が弱い子どもなのかもしれません。ワーキングメモリを高める指導をすればよいのではないかと考えられますが，いきなりワーキングメモリが高くなるような指導はありません。

　「語彙が少ない」「ワーキングメモリが弱い」という子どもの困難は一朝一夕での改善が難しいものです。そうではなく，「語彙が少ない」「ワーキングメモリが弱い」子どもでも，会話に参加しやすくなるような方法を考えていくのが，通級指導担当の技法となります。

実践的な技法

「わからない言葉の意味を尋ねれば大丈夫！」「もう一回言ってもらえれば大丈夫！」のように，相手に要求する方法を使えば大丈夫だということを学ぶ。

「わからない言葉の意味を尋ねれば大丈夫！」になるためには，例えば「それって，どういう意味？」や「わからないから教えて」といった具体的な表現をいくつか用意する。

「もう一回言ってもらえれば大丈夫！」になるためには，「もう一回言って」や「ゆっくり言って」といった具体的な表現をいくつか用意する。

この表現を使った会話の練習を教師相手や小集団活動の中で行う。

②過剰に適応している子どもには気をつける

> 嫌なことがあっても，とりあえずニコニコしている。理由を尋ねると，
> 「グループに入らなければダメなんだ」と過度に孤独を恐れているよう
> である。

　事例の子どもは，周りに合わせようと過剰に適応し，無理にニコニコして
いるのではないかと考えられます。

　もちろんニコニコしていることは，「集団への参加」という点では，悪い
ことではないと思います。しかし，「過度に孤独を恐れている」ために「ニ
コニコしている」というと，少し注意が必要になってきます。グループでの
活動に対して過剰に適応しているといえます。過剰に適応していることが続
くと，本人への心理的なダメージが積み重なっていく危険があります。ダメ
ージが本人の限界値まで来ると，不登校などにつながってしまうことも考え
られます。

ロールプレイをする

　ロールプレイとは，役割演技のことです。子どもが行うことが一般的です
が，ここでは教師がロールプレイを行ってみます。

　子どもは教師のロールプレイを観察して，考えるようにします。

> 実践的な技法
> 例えば，複数の教師でグループワークを演じてみます。一人の教師が，
> 過剰にニコニコしている子ども役を演じます。
> そのロールプレイを子どもが観察して，どのように感じたのかを尋ねて
> みます。

感情表現の練習をする

　場面に応じた適切な感情表現の種類を考える学習です。「うれしい」「楽しい」「悲しい」等の，感情表現のレパートリーを増やしていくことが目的です。

> **実践的な技法**
> 「感情カード」を用いて，例えば「グループの友だちがイヤなことを言ってきたとき」というような場面では，どのような表情をするのが適切なのかを考えます。

リラックスの方法を練習する

　過度に適応しているのは，緊張状態が続いているともいえます。「2　心理的な安定」の指導と関連させながら，リラックスの方法を身に付けるようにしていきます。

> **実践的な技法**
> 緊張してきたと感じたら，腹式呼吸を行うとリラックスできるという体験を実際に行ってみる。

リラックスしてきた…

4　環境の把握
(1)保有する感覚の活用に関すること

> **Check!**
>
> **優位な感覚は宝物！**
> ①優位な感覚を学習場面で使えるように指導する
> ②優位な感覚を日常生活にて使えるように指導する

　この項目は，保有する視覚，聴覚，触覚，嗅覚，固有覚，前庭覚などの感覚を十分に活用できるようにすることを意味しています。

①優位な感覚を学習場面で使えるように指導する

> ・かけ算九九を覚えるときに，何度も唱えて覚えることは苦手だが，フラッシュカードを使う方法だと学習がしやすい。
> ・かけ算九九を覚えるときに，フラッシュカードを使った学習よりも，「かけ算九九の歌」を歌いながら覚える学習の方が好きだという。

　1番目の事例の子どもは，「フラッシュカード」という視覚的な教材を使う方法が合っているということですので，聴覚よりは視覚の方が強いのではないかと考えられます。

　2番目の事例の子どもは，「かけ算九九の歌」という聴覚的な教材を使う方が好きだということですので，視覚よりは聴覚の方が強いのではないかと考えられます。

　教科の学習においては，特に視覚と聴覚をよく使用することになります。

特別支援教育では，**視覚が強い子どもは「視覚優位」**，聴覚が強い子どもは**「聴覚優位」**という用語を使用します。

「視覚優位」とは，聴覚などの感覚に比べたら，視覚で情報を処理することが優位だという意味です。視覚優位の子どもは，聞くことよりも，見ることが得意な子どもだといえます。視覚優位の子どもは，聞くことよりも見ることが得意なのですから，何かを見て学習する方法を選ぶことが効果的だといえます。

一方，「聴覚優位」とは，視覚などの感覚に比べたら，聴覚で情報を処理することが優位だという意味です。聴覚優位の子どもは，見ることよりも，聞くことが得意な子どもだといえます。聴覚優位の子どもは，見ることよりも聞くことが得意なのですから，何かを聞いて学習する方法を選ぶことが効果的だといえます。

教科の学習の多くの場面では，視覚と聴覚をバランスよく使って，学習に取り組むことが望まれます。しかし，視覚優位の子どもや，聴覚優位の子どもの中には，弱い方の感覚では上手く学習できないことがあります。

自立活動の「環境の把握」の「環境」という言葉は，多くの意味を含んでいます。教科の学習場面でいえば，使用される教材や板書，授業スタイル，友だちや教師の存在も，子どもにとっては「環境」となります。

例えば，「視覚優位」の子どもにとって，話し言葉だけで進んでいく授業スタイルは，学習の「環境の把握」がしにくいということができます。

逆に，「聴覚優位」の子どもにとって，板書や教科書など視覚的な教材しかない状況は，学習する「環境の把握」がしにくいといえます。

自分の得意ではない環境で「できない」という経験を積み重ねていくよりも，自分の得意な環境で「できる」という経験を積み重ねていった方が，学力の定着に向けては効果的であるといえます。

実践的な技法
自分に合った学習の環境はどのようなものなのかを考えることができる
ようにする。また，自分の力で環境を調整できるとしたらどのようなこ
とが可能なのかを考えていく学習活動を行う。

②優位な感覚を日常生活にて使えるように指導する

- 書字の半紙の「ツルツル」な面と「ザラザラ」な面の違いがわかる（触覚）。
- 「におい」で，今日の給食の献立が何かを想像することができる（嗅覚）。
- 目を閉じても，まっすぐ歩くことができる（固有覚）。
- 身体が回転しても，目標物を追うことができる（前庭覚）。

　視覚や聴覚の他にも，感覚には，触覚，嗅覚，固有覚，前庭覚などもあり
ます。この感覚も，もちろん個人差があります。感覚の中で，強いものと弱
いものがあると考えた方がよいでしょう。

子どもが，自分の強い感覚を意識できるよう価値づけ

　子どもが，自分自身で「どの感覚が強いのか」ということを知っていれば，
それに合った学習方法を選べるようになっていきます。

　視覚優位と考えられる子どもが，視覚的な方法で上手く学習ができたとし
ます。このとき教師は「あなたは，この方法だと上手く学習できるんだね」
と価値づけることができます。この価値づけは，子どもが自分自身の得意な
感覚について気づくきっかけとなります。

通級指導担当にとって，子ども一人ひとりを肯定的に捉えて価値づけしていくことは技法の一つです。それにより，子どもが自己理解を深めていくことができるようになります。

感覚を活用した安心するための指導
　自分の強い感覚を活用することは，学習の場面だけで有効なわけではありません。日常生活をよりよく送っていくためにも，自分の強い感覚を活用することができます。

> 実践的な技法
> 「2　心理的な安定」と関連させて，子どもの優位な感覚を活用した「安心するための方法」を実践してみる。

視覚的な方法	・困っていることを，吹き出しに大きな文字で書き出す。 ・好きな人や好きなキャラクターなどを，頭に思い浮かべ，イメージする。
聴覚的な方法	・好きな音楽を聴く。 ・自然の音を聴く。
触覚的な方法	・手を使って身体を撫でたり，トントンしたりする。 ・大きな布やストールや毛布にくるまれる。 ・ぬいぐるみをギューッと抱きしめる。
嗅覚的な方法	・お気に入りの香りを嗅ぐ。
固有覚的な方法	・座りながら両足の裏を床にべたりと押し付ける。 ・立ちながらお尻の穴をしめ，両足で大地にしっかりと立っているのを感じる。 ・お相撲さんのまねをしてしこを踏む。

(2)感覚や認知の特性についての理解と対応に関すること

感覚や認知は十人十色！
①「感覚」の違いに応じた指導をする
②「認知」の違いに応じた指導をする

　この項目は，一人一人の感覚や認知の特性を踏まえ，自分に入ってくる情報を適切に処理できるようにするとともに，特に自己の感覚の過敏さや認知の偏りなどの特性について理解し，適切に対応できるようにすることを意味しています。

　ちなみに，「1　健康の保持」に「(4)障害の特性の理解と生活環境の調整に関すること」という項目がありとてもよく似ています。こちらの「4　環境の把握」の方では，「感覚や認知の特性」というところがポイントです。

①「感覚」の違いに応じた指導をする

　・教室のザワザワした音を不快に感じる。
　・周りの物音を全然うるさいと思わない。

　この項目では「感覚」と「認知」という2つの特性を取り上げています。まず「感覚」の特性について見ていきましょう。

　1番目の事例の子どもは，「教室のザワザワした音を不快に感じる」ので，「聴覚」の過敏さを示しているといえます。

感覚刺激に関して過敏な子どもは，刺激に対して過度な反応を示すことがあります。例えば，大半の子どもたちが平気に過ごしている教室の中の音や光，温度などに対して過敏に反応し，その場にいられないほどの不快感を示すことがあります。

　HSP※と呼ばれる感受性の強い子どもは，まさにこのような，他者が気にしないような刺激に対して過敏さを感じる子どもたちであるといえます。

　しかし，感受性の高い子どもが，必ずしも学校が苦手であったり，不登校になったりするわけではありません。学校の環境が子どもの感覚の特性とマッチしていれば，感受性の高い子どもほど，精神的に良好な状態で過ごすことができるといわれています。

　一方，2番目の事例の子どもは，「周りの物音を全然うるさいと思わない」ので，聴覚的な刺激に対しては鈍さがある（鈍麻）といえるかもしれません。感覚鈍麻については，教室の中の環境に対しては特に配慮する必要はないでしょう。しかし，自分の痛みなどに対して鈍感な子どももいます。このような子どもは自分でも気づかないうちに無理をしすぎてしまうことがあります。

　※ HSP（Highly Sensitive Person）。子どもの場合は HSC（Highly Sensitive Child）
　　と呼ばれることもあります。

②「認知」の違いに応じた指導をする

> ・一つ一つ順番に教えてもらった方が理解しやすい。
> ・ある程度最初に全部教えてもらった方が理解しやすい。
> ・教科書体や明朝体の文字が読みにくい。

　次に「認知」について見ていきます。

　学習指導要領解説によると，認知とは「感覚を通して得られる情報を基に

して行われる情報処理の過程であり，記憶する，思考する，判断する，決定する，推理する，イメージを形成するなどの心理的な活動」であるとされています。

「継次処理型」と「同時処理型」に応じる

　１番目の事例の子どもは，「一つ一つ順番に教えてもらった方が理解しやすい」ので，このようなタイプは「継次処理型」といわれます。

　「継次処理型」のタイプの子どもは，情報を一つずつ時間的な順序によって処理していくことが得意といわれています。

　例えば，文字を覚えるための指導で，筆順を意識させるということがありますが，筆順は順序性を生かした指導法です。筆順を丁寧に指導することは，継次処理型の子どもに有効な方法であるといえます。

　２番目の事例の子どもは，「ある程度最初に全部教えてもらった方が理解しやすい」ので，このようなタイプは「同時処理型」といわれます。

　「同時処理型」タイプの子どもは，情報の関連性に着目して全体的に処理していくことが得意といわれています。

　漢字を覚えるための指導では，漢字カードのような教材を使用して，漢字の形と意味を併せて，漢字の全体像を捉える指導は，同時処理型の子どもに有効な方法であるといえます。

認知には微妙な違いもある

　「環境の把握」の「環境」には多くの意味があります。その中には「デザイン」も含まれます。子どもたちが学習する文字は明朝体やゴシック体などの書体（フォント）に代表されるように，様々なデザインがあります。また文字そのものも，広い意味では，人に情報を伝えるためにデザインされたものといえます。

　視力に障害のある子どもたちには，教科書体や明朝体は線に強弱があり見

えにくいといわれることがあります。つまり，文字のデザインが上手く把握できずに，読みにくくなることもあるのです。

　最近は「UDフォント」の使用が広まっています。筆者も大学の授業や講演会等のスライド資料は「UDデジタル教科書体」を使用しています。私個人はこのフォントが「読みやすい」と感じています。しかし，人によっては「UDデジタル教科書体が見えにくい，嫌いだ」という人もいます。

　「視力の弱い子どもにはゴシック体がいい」とか，「UDフォントにすれば全員が読みやすくなる」とか，そのように考えない方がよいでしょう。そうではなく，子ども一人ひとり，読みやすいものは異なると考えた方がよいと思います。

> **実践的な技法**
> 「教科書が読みにくい」という子どもがいたら，どのようなフォントやサイズだったら読みやすいかということを，教師と一緒に探して見つけていく。そして，「自分はこれなら読みやすい」というものを理解できるようにしていく。

　また，通級指導担当自身が，自分はどのような感覚が強いのか，どのような認知の仕方が得意なのか，ということを自覚するとよいです。その感覚や認知は，目の前の子どもと必ずしも同じではありません。「自分には合っているから，子どもにも合うはずだ」とはならないのです。

4 環境の把握

(3)感覚の補助及び代行手段の活用に関すること

Check!

ICT のフル活用！
①困難を克服するための探究学習を行う
②いろいろな ICT を試す

　この項目は，保有する感覚を用いて状況を把握しやすくするよう各種の補助機器を活用できるようにしたり，他の感覚や機器での代行が的確にできるようにしたりすることを意味しています。

①困難を克服するための探究学習を行う

・聴覚の過敏さがあるため，特定の音を嫌がることがある。
・必要な音を聞き分けることが難しいため，授業中の教師の声に集中することができない。

　事例の子どもたちは，ともに聴覚的な困難がありそうです。
　子どもが感覚に関する困難を抱えている場合の解決手段として，合理的配慮を行うことがあります。つまり，その子どもにとって適切な補助や，代行手段を用いるのです。
　しかし，「どのような補助や代行手段が自分にピッタリ合っているか」ということを探すのは結構難しいことですし，時間がかかることです。
　ここでは，その「どのような補助や代行手段が自分にピッタリ合っている

か」ということそのものを学習活動にしてしまうということを考えます。つまり，「どのような補助や代行手段が自分にピッタリ合っているかを探究する」学習活動です。

　探究については，総合的な学習の時間で行われています。総合的な学習の時間の学習指導要領では，以下のステップが示されています。

・課題の設定
・情報の収集
・整理・分析
・まとめ・表現

課題の設定

　「特定の音を防ぐことのできるアイテムとは？」「教師の声に集中するためのアイテムは？」というような疑問形で課題を設定します。

情報の収集

　例えば，インターネットで「特定の音を防ぐことのできるアイテム」で検索します。そうすると，耳栓やイヤーマフ，ノイズキャンセリングヘッドホンなどが効果的だという情報を得ることができます。

整理・分析

　集めた情報から，自分にはどのアイテムが有効なのかを考えていきます。もちろん現物を試してみるという方法が一番手っ取り早いですが，自立活動の学習という点を考えると，それぞれのアイテムの長所や短所などを整理したり，分析したりする学習活動を行うとよいでしょう。

まとめ・表現

　最後に自分が調べたことを，プレゼンにしてまとめたり，発表したりする学習活動を行います。通級指導教室の中で発表会を行うのもよいですが，まとめたものを学級担任に提出するといった方法も考えられます。

　このような探究的な学習の一連の流れを行うことによって，子どもが自分の困難に対処できる知識や技能を獲得することが期待できます。自分で対処できるような知識や技能があれば，もし困難の様子が変化したとしても，対応できるようになります。

②いろいろな ICT を試す

> ・スケジュールを把握するには紙の計画表より，アプリを使用する方がよい。
> ・リアルな場より，オンラインでのグループ学習の方がよい。

　小・中学校では「１人１台のタブレット端末」が標準装備となっています。
　しかし，現行の自立活動の学習指導要領解説は，GIGA スクール構想以前に編集されたものです。自立活動の学習指導要領解説にて示されている説明は，GIGA スクール構想以前の学校を想定しているようです。学習指導要領解説編集の段階ではこんなにも ICT が学校現場で充実するとは想定されていなかったのではないかと思われます。
　したがって，「感覚の補助及び代行手段の活用」は，現在の ICT 環境を踏まえて，もっといろいろな可能性を考えてよいのではないかと思われます。
　要は，ICT を活用できるようになってきたのにも関わらず，それを「使わない」「使えない」ということはもったいないです。ICT の使用は「感覚の補助及び代行手段の活用」のスタンダードになっていってもよいはずです。

例えるなら，飛行機，電車，車等の交通手段が使えるのにわざわざ徒歩だけを選ぶのと同じです。徒歩しか選べないのと，車も使えるし徒歩も選べるのとでは大きな違いではないでしょうか。

　1番目の事例「スケジュールを把握するには紙の計画表より，アプリを使用する方がよい」は，まさにタブレット端末のアプリを活用することで解決できる話です。

　スケジュール管理のアプリにも，様々なものがあります。子どもと相談しながら自分に合ったものを使えるようにしていくとよいでしょう。

　一般的によく言われている「アプリを使用した事例」のようなものは，多くの子どもにとって有効なものです。だからといって，すべての子どもに有効だとは限りません。特に，感覚的な特性が強い子どもにとっては，他の子どもと同じような効果が得られないことが考えられます。どんな子どもにも合うオールマイティなアプリというのは存在しないと思っていた方がよいでしょう。

このアプリ、ぼくに合ってる！

　2番目の事例「リアルな場より，オンラインでのグループ学習の方がよい」は，人前で話すことが苦手な子どもによく見られます。リアルな場での話し合い活動にこだわらなくても，ビデオ会議のアプリで解決するかもしれません。

　もちろん，ビデオ会議のアプリは「人前で話すことが恥ずかしい」子どもに対して開発されたものではありません。しかし，「このアプリはこうやって使わなければならない」とか「この学習活動にはこのアプリを使わなければならない」というのは先入観です。「このアプリの機能は，こんなことに使えるかもしれない」という柔軟な発想をもって指導に活用することがポイントです。

(4)感覚を総合的に活用した周囲の状況についての把握と状況に応じた行動に関すること

> **Check!**
>
> アナログ的な解決でも大丈夫！
> ①状況を把握するための指導をする
> ②状況に応じた「行動」を指導をする

　この項目は，いろいろな感覚器官やその補助及び代行手段を総合的に活用して，情報を収集したり，環境の状況を把握したりして，的確な判断や行動ができるようにすることを意味しています。

①状況を把握するための指導をする

> ・外出するときに，目的地を案内する表示などを見落としてしまうことがある。
> ・話し合い活動で，どの友だちが何を言っているのかがわからないことがある。

　今，自分が置かれている状況を把握するためには，視覚や聴覚などの感覚から情報を得なければなりません。

　1番目の事例の子どもは，「目的地を案内する表示などを見落とす」ということですので，視覚的な情報の把握が苦手なのかもしれません。

　2番目の事例の子どもは，「どの友だちが何を言っているのかがわからない」ということですので，聴覚的な情報の把握が苦手なのかもしれません。

例えば，子どもが学校に遅刻してきたときの場面を考えてみましょう。

　授業中であれば「今，何の授業をしているのかな」「みんな静かにしているな」というようなことに気づけるのは，視覚や聴覚などの働きによるものです。もし，視覚や聴覚から上手く情報が得られないとしたら，このような状況を把握できなくなってしまいます。

　子どもたちに限らずですが，社会で生きていくためには，その場の状況から情報を読み取ることが求められます。つまり，「状況を把握する」力が必要です。

周囲の状況を把握するために視覚を補う

　視覚から上手く情報を得ることができない場合を考えてみましょう。

　例えば，晴れた冬の日に朝日に向かって車を運転するときは，視覚に特に問題がない人でも「見えにくい」と感じることがあるでしょう。このようなときは他の方法で見えにくさを補うことを考えます。例えば，「サングラスをかける」「周囲の音を注意して聞く」「ゆっくり進む」といった対処方法が考えられます。

> **実践的な技法**
> 子どもに，視覚が上手く働かない状況はどのような状況であったのかを尋ねる。その状況で「どうすれば他の手段で補えるのか」を一緒に考える。

周囲の状況を把握するために聴覚を補う

　今度は，聴覚から上手く情報を得ることができない場合を考えてみましょう。

　学校では「対話的な学び」の授業スタイルが増えてきています。グループでの話し合い活動は，主に聴覚からの情報を得ながら進められていく学びの

スタイルです。

　しかし，教室の中で複数のグループが一斉に話し合い活動を始めると，ワイワイガヤガヤと騒がしくなります。聴覚に困難がある子どもによっては，聞こえにくくなります。友だちの話している内容が聞き取れず，上手く話し合い活動に参加できない状況にもなってしまいがちです。

　このような聴覚的な情報を得にくい場面では，「ゆっくり大きな声で話してもらうように頼む」「ホワイトボードに話したことを記録していく」「身振り手振りを交えて話す」といった対処方法が考えられます。

> 実践的な技法
> 視覚が上手く働かない場合と同様に，聴覚が上手く働かなかった状況はどのような状況であったのかを尋ねる。その状況下で「どうすれば他の手段で補えるのか」を一緒に考える。

②状況に応じた「行動」を指導する

- ・運動会のダンスのお手本を見て，どうやって動くのかは理解したが，なかなか動きを身に付けることができない。
- ・やることはわかっているが，どのように進めたらよいのかがわからない。

　事例の子どもたちは，自分が置かれている状況を把握することはできています。しかし，その先の行動において困難があるようです。

擬音を基にイメージをつくる

> ・今日の太陽は，チカチカするまぶしさだね。
> ・その意見はガツンとくるね。みんながワオーとなったよ。

　このような擬音を用いた表現は，視覚や聴覚の情報をイメージしやすい言語に置き換えているといえます。このイメージを行動と結び付けることが考えられます。

> **実践的な技法**
> 運動会のダンスの練習であれば「右手をグルグルして」「ビュンってジャンプ！」のように擬音を使うことで，動きを習得しやすくする。

プログラミング的な思考をする

　学校ではプログラミング教育が行われています。プログラミング教育は「プログラミング的思考」を養うために行われています。

　「こうしたい」という結果を実現するために，「何を，どのような順番で組み合わせればいいか」を考える力がプログラミング的思考です。これをこの「感覚を総合的に活用した周囲の状況についての把握と状況に応じた行動に関すること」の項目で応用してみます。

> **実践的な技法**
> 「やることはわかっているが，どのように進めたらよいのかがわからない」子どもに対して，その場面での行動の仕方をフローチャート的に考えてみる。その後，実際の場面で試してみる。

4 環境の把握

(5)認知や行動の手掛かりとなる概念の形成に 関すること

Check!

あいまいモンスターと戦う！
①アバウトな概念の形成を図る
②行動の手掛かりとなる言葉を指導する

　この項目は，ものの機能や属性，形，色，音が変化する様子，空間・時間等の概念の形成を図ることによって，それを認知や行動の手掛かりとして活用できるようにすることを意味しています。

①アバウトな概念の形成を図る

- お茶を「もう少し入れて」と頼んだところ，一滴だけ入れていた。
- 荷物を「その辺に置いておいて」と頼んだところ，「その辺ってどこ!?」と言い返すことがあった。

　認知とは「感覚を通して得られる情報を基にして行われる情報処理の過程であり，記憶する，思考する，判断する，決定する，推理する，イメージを形成するなどの心理的な活動」であるとされています。

　事例の子どもは，視覚や聴覚などを通して，その場の状況を把握することはできています。しかし，「もう少し入れて」「その辺に置いておいて」といったあいまいな表現が理解できずに，その場で相手が望んでいる行動をとれませんでした。この子どもたちは，「認知や行動の手掛かりとなる概念」を

理解できていなかったと考えられます。

　この「認知や行動の手掛かりとなる概念の形成に関すること」の項目では，そのようなアバウトな概念の形成を図って，子どもが適切な行動をとれるようにしていきます。

　「ちょうどよい」という言葉を基にして，「認知や行動の手掛かりとなる概念の形成」について考えてみたいと思います。

対話的な学びを行う

　「ちょうどよい」のような，あいまいな言葉がなぜ難しいかと言うと，同じような場面であっても，そのときの「状況」によって変わってくるからです。

　この状況とは，その前後に起こったこと（前後関係）や，その状況の前提となること（背景）などが考えられます。そのような前後関係や背景は，「文脈」と呼ばれます。

　「ちょうどよい」ということを理解するためには，具体的な文脈がわかるようにして「例」を用意することが必要です。つまり，「ちょうどよい」という抽象的な知識に文脈を与え，具体的な事例と結びつける作業が必要になってきます。

> **実践的な技法**
> 場面絵などを用いて「のどが乾いたときに飲むジュースの『ちょうどよい量』ってどれくらい？」「遠足にもっていくときのリュックサックの『ちょうどよい大きさ』はどれくらい？」「ゲームをやるときの『ちょうどよい時間』ってどれくらい？」といったように，子どもの日常生活に結び付けて，考えていけるようにする。

　「ちょうどよい」には，正解はありません。子どもが考えた「ちょうどよ

い量・大きさ・時間」が正解かどうかを判定することは難しいです。

そこで，子どもが考えた「ちょうどよい」に対しては，「どうしてそう思ったの？」と質問をしていくとよいでしょう。「どうしてそう思ったの？」と質問をすることで，子どもはその考えに至った理由を説明するようになります。

もし，子どもが考えた「ちょうどよい」が，客観的に見て「ちょうどよい」ものでなかったら，「それでお家の人はいいって言ってくれるかな？」「大変じゃないかな？」というように，さらに教師が質問をして，子どもの考える「ちょうどよい」を修正できるように促します。

これは，教師と子どもがディスカッションしながら概念を探っていく方法ですので，「対話的な学び」といってもよいでしょう。

実験してみる

「対話的な学び」も重要ですが，やはりこのような概念の獲得にあたっては，実際に体験してみることで，子どもたちも納得することができるようになります。これは，「実験」と称すると，子どもの学習活動として設定しやすくなります。

> **実践的な技法**
> 「このサラダにかけるドレッシングの量はどれくらいがちょうどよい？」と，いくつかの量の違うドレッシングを用意しておいて，「ちょうどよい」量を選ばせて，実際にかけて比べてみる。
> 「ちょうどよい」時間を体感するために，目を閉じて「1分間をはかってみよう」と指示を出し，時間の長さを体感する。

これらの実験では，活動後の振り返りが重要です。活動をただ行うだけではなく，自分が体感したものを振り返る場面を設けていきます。

「ちょうどよい」とは，自分が体験した場合ではどのようなところがポイ

ントなのかを考えたり，サラダのドレッシングの実験では「味」や「余ったらもったいない」といったことで判断したりと，振り返りの活動でまとめていきます。

②行動の手掛かりとなる言葉を指導する

> 活動に過度に集中してしまう子どもは，活動の終了時刻になっても，その活動を止められないことがある。

　行動面の改善が求められる子どもたちは，「もしかしたら言葉の意味がわかっていないのかも」という可能性があります。

　事例の子どもは「活動の終了時刻になっても，その活動を止められない」ので，「見通し」「区切り」「優先順位」などの言葉が理解できていない可能性があります。子どもの学習活動の中で，教師が意図的にこれらの言葉を使用していくとよいでしょう。

実践的な技法
次のような声かけや指示を行う。
・「この活動は何分間で行うことができそう？　それが『見通し』っていうんだよ」
・「ここまでやったら活動に『区切り』をつけようね」
・「何から手を付ける？　『優先順位』を決めようか」

5　身体の動き

(1)姿勢と運動・動作の基本的技能に
　　関すること

Check!

サッとできることを見つけていく！
①通級でできることを見極める
②サッと短時間でできる運動を指導する

　この項目は，日常生活に必要な動作の基本となる姿勢保持や上肢・下肢の
運動・動作の改善及び習得，関節の拘縮や変形の予防，筋力の維持・強化を
図ることなどの基本的技能に関することを意味しています。主に，肢体不自
由の通級指導での指導が中心となりますが，発達障害の子どもの指導におい
ても必要になる場合があるでしょう。

①通級でできることを見極める

授業中に姿勢が崩れてしまう。

　事例の子どもは，なぜ姿勢が崩れやすいのでしょうか。
　一般的には，筋力の低緊張や，体幹の弱さなどが原因ではないかと考えら
れます。しかし，この原因に対する専門的な指導は，例えば情緒障害等を対
象とする通級指導教室では難しい場合が多いです。もし本当に指導を必要と
するレベルであれば，専門の療育機関等での指導が望ましいでしょう。

実践的な技法
子どもの実態をよく観察して，必要であれば専門機関につないでいく。

②サッと短時間でできる運動を指導する

- 立って靴下を履くときにふらつく。
- 片足で5秒以上立っていられない。
- 平均台を上手く渡れない。
- ドッジボールで当たりやすく，当てることが苦手。
- 長縄跳びでタイミングよく入れない。
- 危険に応じて姿勢を変化させることができない。
- ラジオ体操のときの動きがぎこちない，ふらつく。
- 片手だけを動かすときにもう片方の手も動いてしまう。
- 給食を運ぶときによくこぼす。

　事例にあるように，学校においては，日常生活や体育科の場面で，身体の動きのスムーズさが要求されます。より基本的な動きの指導から始め，徐々に複雑な動きを指導していくことが基本です。例えば「立って靴下を履くときにふらつく」ようであれば，周りに危険なものがないような場を設定して，片足立ちのトレーニングから始めていくとよいでしょう。

　このようなトレーニングは，継続して行うことで効果が表れてきます。

実践的な技法
授業開始の前に，「5秒間片足立ちをする」のようにサッと短時間でできるようなプログラムを用意しておく。

5　身体の動き

(2)姿勢保持と運動・動作の補助的手段の活用に関すること

Check!

アイテムを探せば何かある！
①補助用具を使えるような指導を行う
②使用するモノそのものを替える指導を行う

　この項目は，姿勢の保持や各種の運動・動作が困難な場合，様々な補助用具等の補助的手段を活用してこれらができるようにすることを意味しています。

①補助用具を使えるような指導を行う

・姿勢が崩れやすい。
・リコーダーの孔を上手く押さえることができずに，いい音を出せない。

　1番目の事例の「姿勢が崩れやすい」子どもであれば，子ども自身の姿勢保持の力を高めるという発想ではなく，「どんなアイテムを使用したら，姿勢が保持しやすくなるか」を考えていくのが，この項目にある「補助的手段の活用」の指導です。

　例えば，姿勢保持のための座布団やクッションを椅子に敷くということが考えられます。これらは子どもによって合うことも，合わないこともあります。

実践的な技法
子どもと一緒に「どれなら姿勢が崩れないか」ということを確かめて，
使用を決めていく。

　2番目の事例の「リコーダーの孔を上手く押さえることができない」子どもであれば，リコーダー本体はそのままで，「リコーダー用演奏補助シール」などを使用していくことを検討します。以前は，「魚の目パッド」などで代用していましたが，最近は専用のシールが登場しています。リコーダーの孔の周りに貼ると，塞ぎやすくなるので，いい音が出るようになります。

　アイテムを使用するだけではなく，アイテムを使用することで「自分にもできる」という感覚をもてるようにしていくことがポイントです。

②使用するモノそのものを替える指導を行う

- リコーダーの孔を上手く押さえることができずに，いい音を出せない。
- 左利きのため，上手くはさみを扱うことができない。

　1番目の事例の「リコーダーの孔を上手く押さえることができない」子どもが，先ほど紹介した補助用具の使用でも解決しない場合は，リコーダーそのものを子どもが扱いやすいものに変えてしまったほうがよいかもしれません。

　孔の部分ごとに角度調整ができる「分解式リコーダー」が市販されていますので，それを使用することが考えられます。自分で角度を調整する練習などを，自立活動として行っていくことが必要です。

　2番目の事例の「左利きのため，上手くはさみを扱うことができない」子どもであれば，「左利き用のはさみ」を使用することを検討します。

5 身体の動き

(3)日常生活に必要な基本動作に関すること

Check!

スモールステップで改善を図る！
①給食の場面を想定した指導をする
②着替えの場面を想定した指導をする

　この項目は，食事，排泄，衣服の着脱，洗面，入浴などの身辺処理及び書字，描画等の学習のための動作などの基本動作を身に付けることができるようにすることを意味しています。

①給食の場面を想定した指導をする
- -

・お盆に載せた給食を運ぶときによくこぼす。

・箸が上手く使えない。

・食べているときにポロポロこぼしてしまう。

　学校において「日常生活に必要な基本動作」といえば，在籍学級での「給食」の場面で気になる動きをする子どもがいます。

　事例のような子どもは，姿勢，移動のバランス，手先の動き，目と手の協応などの「身体の動き」に何らかの課題があることが考えられます。

　本来であれば，「身体の動き」に関する専門的なトレーニングを行っていくことが必要ですが，ここでは通級指導でできそうなことを考えてみます。

実践的な技法
「お盆に載せた給食を運ぶときによくこぼす」子どもであれば，お盆だけをもって歩いてみたり，落としても割れないプラスチックのお皿を載せてみたりして，安全な環境で給食を運ぶ練習する。

　プレッシャーがかかると，余計に緊張して身体の動きがぎこちなくなってしまうかもしれませんので，教師は励ましながら行うことがポイントです。通級指導だけで不十分な場合は，専門機関等と連携していくとよいでしょう。

カラのコップを運ぶ練習したら上手くできるようになってきた

②着替えの場面を想定した指導をする

ボタンをはめたり外したりすることが難しい。

　事例の子どもは，体育着や給食の白衣などに着替える場面で，時間がかかりがちです。在籍学級では，着替えなどは素早く行うことが要求されます。次に予定されている行動の遅れにもつながってしまいます。
　通級指導では，このような課題に対して計画的な指導を考えていきます。

実践的な技法
「ボタンをはめたり外したりすることが難しい」子どもであれば，当面の本児への指導の目標を在籍学級や家庭と一緒に計画していく。
まずは大きなボタンや，大きなボタンホールの服を着用するようにして，みんなと着替えの時間のスピードが合うようにすることから始める。そして，ボタンやボタンホールの大きさを徐々に小さくしていく。

5 身体の動き

⑷身体の移動能力に関すること

> ### Check!
>
> 移動に欠かせないのは，安全！
> ①自覚を促していく
> ②誰かに「助けを求める」指導を考える

　この項目は，自力での身体移動や歩行，歩行器や車いすによる移動など，日常生活に必要な移動能力の向上を図ることを意味しています。主に，視覚障害，肢体不自由，心臓疾患のある子どもなどにとって重要な項目です。

　ここでは，身体的には移動する能力に問題はなくても，何かしら移動に関する課題がある子どもへの自立活動を考えてみます。

①自覚を促していく

> ・列になって歩くときに，前の人から大きく遅れてしまう。
> ・階段で高い所から飛び降りることがある。

　身体的には移動する能力に問題はなくても，何かしら移動に関する課題がある子どもの多くは，危険と判断されるような行動をとってしまうことにあります。1番目の事例の「列になって歩くときに，前の人から大きく遅れてしまう」子どもは，この子どもだけでなく全体の危険にも関連する可能性があります。

　校外学習などで道を歩くときは，子どもが列になって歩きます。列になっ

て歩くときは，なるべく前の人と間を空けないようにしなければなりません。子どもの列が伸びてしまうと，交通事故のリスクが高くなってしまいます。

　教室移動でも，子どもによって危険なことがあります。2番目の事例の「階段で高い所から飛び降りることがある」子どもは，そのような行動が習慣になっている可能性もあります。

> **実践的な技法**
> まず，状況について本人と確認して，自覚を促していく。もし，自覚できていてもそれらの行動が続くようであれば，例えば介助する大人を付ける等の安全のための対策を検討していく。

②誰かに「助けを求める」指導を考える

> 場所がわからなくなることが多く，目を離すことができない。

　このような子どもは，校外学習の自由行動などの時間に迷子になってしまう「危険」が高いです。また，中学校や高等学校の生徒でも「教室移動が多くて，どこに行ったらよいかわからない」という悩みを聞くことがあります。これらの子どもへの指導についても，①と同様に，まずそのような状況について本人と確認することが必要です。そして，この場合は，誰かに「助けを求める」ことができるような指導を考えていくとよいでしょう。

> **実践的な技法**
> 友だちに一緒に行動することを頼んだり，迷子になったときに誰かに場所を尋ねたりする方法の練習をする。

5　身体の動き

⑸作業に必要な動作と円滑な遂行に
　関すること

Check!

教科の学習のためのスムーズな動き！
①ちょっとした練習で済みそうなら，すぐ行う
②応急措置をする

　この項目は，作業に必要な基本動作を習得し，その巧緻性や持続性の向上を図るとともに，作業を円滑に遂行する能力を高めることを意味しています。

①ちょっとした練習で済みそうなら，すぐ行う

- ・図工科の授業において，糊を付けることができない。
- ・音楽科の授業において，リコーダーの演奏が上手くできない。
- ・体育科の授業において，縄跳びを結ぶことができない。
- ・理科の実験において，計測器具を上手く扱えない。
- ・算数科の授業において，コンパスで円が描けない。
- ・家庭科の授業において，針に糸を通すことができない。
- ・ICT の使用場面において，パソコンのキーボード入力ができない。

　各教科の学習において，それぞれ必要となる「作業に必要な動作」があります。これらを「円滑な遂行」ができる前提で，教科の学習は進められていきます。

　しかし，「身体の動き」の視点で見ると，これらの作業に必要な動作は，

姿勢，バランス，手先の動き，目と手の協応などの力が要求されます。本来であれば，「身体の動き」に関しては，専門的なトレーニングを行っていくことが必要です。しかし，ちょっと通級指導で練習したら使えるようになったということも，子どもによってはあるかもしれません。このようなちょっとした作業に必要な動作は，なるべく早く身に付けた方がよいでしょう。

実践的な技法
まずは，子どもがどの程度の様子なのかを，通級指導で確かめていく。ちょっと練習すれば改善するようであれば，通級指導で練習していく。

②応急措置をする

身の回りの片付けができず，必要な作業を行うことができない。

事例のように，作業する場がゴチャゴチャしている子どもがいます。いろいろなものが片付いていないと，安定した場所の上で作業できなくなりますし，もしかしたら注意力が散漫になりやすくなるかもしれません。

実践的な技法
「身の回りの片付けができず，必要な作業を行うことができない」子どもであれば，教科の学習のときは何かものを入れておける「箱」を用意して，座席のそばに置いておくようにする。

余計なものを一つの箱に突っ込んでおけば，目の前は片付きます。この方法は，とりあえずの応急措置です。

6 コミュニケーション

(1)コミュニケーションの基礎的能力に関すること

> **Check!**
>
> お互いにわかりあえるための基礎！
> ①「意思のやりとり」を指導する
> ②「誤ったコミュニケーション」を指導する

　この項目は，子どもの障害の種類や程度，興味・関心等に応じて，表情や身振り，各種の機器などを用いて意思のやりとりが行えるようにするなど，コミュニケーションに必要な基礎的な能力を身に付けることを意味しています。

①「意思のやりとり」を指導する

> 指示待ちが多く，自分のしたいことを相手に伝えることが難しい。

　上の項目の説明では，「意思のやりとり」という表現があります。意思をやりとりするには，相手に伝えようとする内容を広げたり，伝えるための手段を育んでいったりすることが必要です。

　事例の子どもは，指示待ちといわれています。誰かの指示を待ってから行動する子どもは，自分の意思を上手く伝えられていない可能性もあります。もちろん，指示待ちのすべてがコミュニケーションに課題がある状態ではありませんが，「意思のやりとり」という点ではコミュニケーションの基礎的能力が身に付いていない子どもなのかもしれません。「自分のしたいことを

相手に伝えることが難しい」という状態は，まさにこれに該当します。

> 実践的な技法
> 「自分のしたいことを相手に伝えることが難しい」子どもであれば，言葉だけでなく，ジェスチャーや絵カードなどを使って自分の意思を伝える練習をする。

②「誤ったコミュニケーション」を指導する

> 許可なく，友だちのものを勝手に使ってしまう。

　子どもによっては，コミュニケーションのありようが「問題行動」とされることがあります。

　問題行動には，何かをしてほしいという「要求」，注目を集めたいという「注目」，嫌なときの「拒否」等の機能があります。このような目的を図るためのコミュニケーションが誤っている場合に問題行動となってしまうのです。

　事例の子どもの「許可なく，友だちのものを勝手に使ってしまう」ことは，「要求」の誤ったコミュニケーションであるといえます。
この視点をもつことにより，問題行動への指導ではなく，
「コミュニケーションの基礎的能力」の指導として意味
をもつことになります。

> 実践的な技法
> 「許可なく，友だちのものを勝手に使ってしまう」子どもであれば，「貸して」「後で返すから」といった具体的な許可を得る練習をする。

6 コミュニケーション
(2)言語の受容と表出に関すること

Check!

「話す・聞く」ではなく「受容と表出」！
①「言語を受容する」指導をする
②「言語を表出する」指導をする

　この項目は，話し言葉や各種の文字・記号等を用いて，相手の意図を受け止めたり，自分の考えを伝えたりするなど，言語を受容し表出することができるようにすることを意味しています。

　国語科でも「話すこと・聞くこと」の内容がありますので，通級指導を利用している子どもたちは，在籍学級でも「話すこと・聞くこと」の授業は受けているということに留意する必要があります。

①「言語を受容する」指導をする

　友だちの話を上手く聞けずに，後になって「約束が違う」とトラブルになってしまうことがある。

　「聞く」ということに関しては，国語科では「聞くこと」の指導があります。自立活動では「言語の受容」といいます。受容という言葉ですが，例えば「生徒指導提要」においては，教師が「子どもの声を受容する」ことが教育相談の方法として示されています。また，「自己受容」や「障害受容」などといった言葉もあります。このような言葉からも，「受容」は，物事をど

のように「受け止めるか」というイメージだと考えてよいでしょう。自立活動としては，子どもが「話をどのように受け止めるか」ということを考えていきます。この事例の「友だちの話を上手く聞けない」ということも，「約束が違う」というトラブルにつながったことから，おそらく「どのように受け止めたか」というところに課題があるのではないかと思われます。

> 実践的な技法
> 「話を受け止める」スキルについて学んでいけるようにする。

②「言語を表出する」指導をする

> 困ったことがあっても，なかなか言い出すことができずにいる。

国語科では「話すこと」の指導がありますが，自立活動では「言語の表出」という表現をしています。事例の子どもは，おそらく「話すこと」自体のスキルには問題はないのでしょうが，どのように表出するかというところに困難を抱えていると考えられます。困ったときや悩みがあるときに，隠して耐えるのではなく，弱音を吐いたり，人に頼ったりすることができることは，子どもの学校での安全や安心を大きく左右します。

> 実践的な技法
> 子どもが必要な場面で，必要なことを伝えることができているかという視点で指導する。もし，「声に出して話す」ことが難しければ，例えばメモ帳やタブレット端末などで文字を相手に見せて，自分の言いたいことを表出する練習をする。

6 コミュニケーション
(3)言語の形成と活用に関すること

Check!

語彙をどのように広げるか！
①「言語を形成する」指導をする
②「言語を活用する」指導をする

　この項目は，コミュニケーションを通して，事物や現象，自己の行動等に対応した言語の概念の形成を図り，体系的な言語を身に付けることができるようにすることを意味しています。

① 「言語を形成する」指導をする

　語彙が少なく，なかなか増えていかない。

　よく「あの子どもは語彙が少ない」という表現があります。ここでは，語彙に注目して考えてみます。

　語彙とは，「語の集まり」のことです。「単語」という言葉もありますが，単語は語彙ではありません。単語がいくつか集まって，語彙を形成するのです。例えば，「先生」「黒板」「教科書」「振り返り」といえば，これらは学校の授業に関する語彙ということになります。

　単語は，文脈によって意味が変わります。「先生」は，学校という文脈では教師のことですが，学校の外では作家や政治家も「先生」と呼ばれます。

　したがって，語彙を広げるためには，文脈に応じた単語を習得できるよう

に考えていきます。読書は，文脈に応じて単語の意味を判断していかなければならないので，語彙を習得するよい方法です。「読書の習慣をつける」のように，語彙を習得するための方法を子どもと一緒に考えていくことが必要です。

②「言語を活用する」指導をする

> 授業で何かを問われたときに答えられない。

　単語や語彙は，活用できてこそ，ようやくコミュニケーションが成立することになります。

　「言語を活用する」機会は，学校ではたくさんあります。在籍学級の教科の学習は，「言語を活用する」ことなしでは成立しません。

　しかし，事例のような「授業で何かを問われたときに答えられない」子どもは，その度に自信を失っていきます。「言語を活用する」機会も奪われていってしまいます。

授業で、わからなくなったとき　先生になんて言ったらいいかな？

> **実践的な技法**
> 例えば「こんなときはどんな言葉を使ったらいいかな」のように，場面に応じて適切な言葉が使えるように指導していく。

6 コミュニケーション

(4)コミュニケーション手段の選択と活用に関すること

Check!

利用可能なものを最大限利用！
①「手段を選択する」ための指導をする
②「いろいろ試してみる」指導をする

　この項目は，話し言葉や各種の文字・記号，機器等のコミュニケーション手段を適切に選択・活用し，他者とのコミュニケーションが円滑にできるようにすることを意味しています。

①「手段を選択する」ための指導をする

話したい内容があるが，その内容を覚えていることが難しい。

　現代は様々なコミュニケーション手段が開発されてきています。SNS はその代表的なものでしょう。SNS によって，これまではなかなかコミュニケーションに参加しにくかった人たちも助かるようになってきています。
　多様なコミュニケーション手段が開発されてきていますが，たくさんあると，どの手段が自分に合っているのか，このときはどの手段を使用すればよいのか，と選択することが難しくなってきています。
　この「コミュニケーション手段の選択と活用に関すること」の項目では，子どもの特性に応じて，その場に応じたコミュニケーションが取れるような手段を身に付けていくことが目的となります。事例の子どもの「話したい内

容があるが，その内容を覚えていることが難しい」ということであれば，ICTのメモ機能を選択して活用できるようにしていくことが考えられます。

②「いろいろ試してみる」指導をする

> 書くことに若干の困難があり，人の話に合わせてメモをとることが難しい。

　在籍学級での授業の場面でも，コミュニケーションの場面は多くあります。
　ここでも，タブレット端末などICTの使用によって，コミュニケーションの困難さを補える可能性が広がってきました。
　この「コミュニケーション手段の選択と活用に関すること」の項目では，子どもが主体的にコミュニケーションの手段を選択し活用できるようになるということが大きな目的です。最初は教師が「これを使ってみたら？」と提案したとしても，最終的には自分で「これならできる」という方法を選択できるようにしていきます。そのためには，まずはいろいろ試してみるという経験が必要になるでしょう。知らないものは使うことができないからです。事例の子どものように「書くことに若干の困難があり，人の話に合わせてメモをとることが難しい」ということであれば，タブレット端末の音声入力機能を使用していくことが考えられるでしょう。

実践的な技法
通級指導教室にて「試しに使ってみる」ということから始めていく。そして，子どもにとって効果的だと確認できたら，在籍学級の担当と相談して，この子どもがその機能を授業でも使っていけるかどうかを検討していく。

6 コミュニケーション

(5)状況に応じたコミュニケーションに
関すること

> **Check!**
>
> **シチュエーションを設定する！**
> ①アサーションの技法を活用する
> ② SST を活用する

　この項目は，コミュニケーションを円滑に行うためには，伝えようとする側と受け取る側との人間関係や，そのときの状況を的確に把握することが重要であることから，場や相手の状況に応じて，主体的にコミュニケーションを展開できるようにすることを意味しています。

①アサーションの技法を活用する

> 友だちに対して「何かをしてもらうことが当然だ」という態度で接するため，友だちから不満の声が上がっている。

　事例の子どもは，「物事の頼み方を知らない」と言われてしまうでしょう。「アサーション（Assertion）」という言葉があります。これは「さわやかな自己表現」といわれます。自分の考えや気持ち，相手にしてほしいことなどを，その場にふさわしい方法で他者に伝えることであり，そのためには相手の感情などに配慮した伝え方をする必要があります。人に対して物事を上手く頼むことができない子どもであれば，このアサーションの技法を，練習していくことが考えられます。

実践的な技法
「本を貸してほしい」という場面でのアサーションを考えるときに，いくつかのキャラクターを設定し，比べる学習を行う。例えばドラえもんのキャラクターを活用し，「しずかちゃんだったら何て言う？」「のび太だったら？」「ジャイアンは？」といろいろな言い方を想像するようにする。考えた中から，その場にふさわしい言い方はどれかを考える。

② SST を活用する

周囲の状況を読み取ることが難しいため，状況にそぐわない受け答えをしてしまう。

　事例のような子どもに対して，通級指導では，SST（ソーシャルスキルトレーニング）をよく行っています。
　SST は，社会的な行動を「なんとなく身に付ける」のではなく「はっきりと教わって学ぶ」というところに特徴があります。社会的な行動を，なんとなく身に付けることが苦手な子どもには，SST は向いています。
　「状況にそぐわない受け答えをしてしまう」子どもに対して，もし通級指導で小集団活動ができるようであれば，SST を活用した指導が効果的です。

実践的な技法
例えば「クラスの友だちと遊びの約束をする」という場面を設定して，ロールプレイを行ってみる。いくつか言い方を試してみて，どの言い方がその場にふさわしいのかを考える。

3章

コンテンツと
プロセスの技法

コンテンツとプロセス

Check!

コンテンツとプロセスこそ，自立活動の最大の技法！
①学習内容をコンテンツ，自立活動をプロセスと考える
②コンテンツとプロセスを基に授業をつくる

　自立活動の授業は「コンテンツ」と「プロセス」の2つで成り立っています。

①学習内容をコンテンツ，自立活動をプロセスと考える

　「コンテンツ」は，映画のコンテンツ，音楽のコンテンツ，本のコンテンツといったような使われ方をする言葉です。映像，音声，文字などの創作物をコンテンツといいます。日本語にすると，内容とか中身とかいう表現になります。学校の授業でいえば，国語科の「ごんぎつね」，算数科の「かけ算」，体育科の「跳び箱」は，コンテンツであるといえます。

　さて，自立活動の授業のコンテンツといえば，どのようなものが思い浮かぶでしょうか。

【自立活動の授業コンテンツ例】
風船バレー，船長さんの命令ゲーム，坊主めくり，空き缶タワーゲーム，スリーヒントクイズ，ふわふわ言葉・ちくちく言葉，折り紙，バランスボール，サイコロスピーチ，すごろくトーク，こんなときどうする，こんなときどんな気持ち，私のトリセツを作ろう，自分研究　等

教科の学習では，コンテンツは教科書で示されています。だから，わざわざ授業のたびにコンテンツを考えなくてもよいのです。

　しかし，自立活動では，教科の学習のような教科書はありません。コンテンツが示されていないのです。だから，通級指導担当は授業のたびに，コンテンツをどうしようかと考えなくてはならないのです。

　よく「通級指導でどのような学習活動をしたらよいかわからない」という先生がいます。これはほとんどの場合，授業のコンテンツをどうしたらよいかわからないというお困りです。

　通級指導を利用する子どもたちは，学年や発達段階，特性などが多種多様です。確かに，そのような多様な子どもたち一人ひとりにピッタリあった自立活動の授業コンテンツを見つけるのは大変です。

　ところで，自立活動の6区分は，コンテンツでしょうか。

1　健康の保持
2　心理的な安定
3　人間関係の形成
4　環境の把握
5　身体の動き
6　コミュニケーション

　自立活動の区分や項目は，具体的な内容が示されているわけではありません。コンテンツではなく，「プロセス」というべきものです。

　「プロセス」とは，過程や手順という意味になります。学習のプロセスというと「学習の目標に到達するまでの道のり」といったイメージになるでしょうか。このように考えると，自立活動も「健康の保持」や「心理的な安定」などを目指すための道のりということができます。

　自立活動は，プロセスなのです。

②コンテンツとプロセスを基に授業をつくる

自立活動の授業づくりを「トランプのババ抜き」で例えてみます。ババ抜きはコンテンツに当たります。

ババ抜きのような勝ち負けのあるゲームではよく，負けると大騒ぎする子どもがいます。負けるたびに大騒ぎをされては，みんなで楽しくゲームができません。

しかし，負けると大騒ぎすることがあらかじめ予想されているのですから，円滑にゲームを進行するためのプロセスを考えておけばよいのです。

例えば，ゲームを始める前に「負けても大騒ぎしない」という約束をしておくのはどうでしょうか。前もって約束をしておけば，負けてしまったときに気持ちを落ち着けようとすることができるかもしれません。これは，ババ抜きというコンテンツに対して，「負けても大騒ぎしない約束をする」というプロセスを取り入れたと説明できます。

もし，これを自立活動の授業として見るなら，「負けても大騒ぎしない約束をする」というプロセスは「2　心理的な安定」の指導であるといえるでしょう。

別な子どもについても考えてみましょう。ジョーカーを引いてしまったときに，いつも相手に対して暴言を吐いたり，暴力を振るったりする子どもが，ババ抜きに参加したとします。

このような子どもには，ゲームを始める前に「ジョーカーを引いてしまったら，どうする？」と問いかけてみたらよいかもしれません。場面を設定して，あらかじめ自分のとるべき行動を考えておくことは，集団での活動場面でトラブルを起こしてしまう子どもには有効だといえます。これは，自立活動の「3　人間関係の形成」のプロセスであるといえます。

改めて，このババ抜きの例え話を，コンテンツとプロセスの関係で整理しておきましょう。

○コンテンツ：ババ抜き

○プロセス（自立活動）：

・負けると大騒ぎする子どもには「心理的な安定」

・相手に対して暴言を吐いたり，暴力を振るったりする子どもには「人間関係の形成」

　自立活動の指導では，同じコンテンツを用いたとしても，プロセスをそれぞれの子どもの実態に応じていけばよいということです。逆に言うと，プロセスを子どもに応じて考えていかないと，自立活動の授業にはならないということです。

　極端な話ですが，プロセスさえ考えることができれば，コンテンツは何でもよいのです。**子どもに合ったコンテンツを一生懸命探すのではなく，子どもに合ったプロセスを一生懸命考える**のが，自立活動の授業を行う通級指導担当の技法といえるでしょう。

自立活動の６区分27項目を「プロセス」にする

> **Check!**
>
> 複数のプロセスを相互に関連させることがスタンダード！
> ①複数のプロセスを相互に関連させる
> ②プロセスを焦点化して授業をつくる

　自立活動には，６区分27項目があります。この６区分27項目を「プロセス」として授業づくりをしていくには，どのようにしていけばよいのでしょうか。

①複数のプロセスを相互に関連させる

　例えば，LD（学習障害）で，書字に困難が見られる子どもがいます。この場合は，「４　環境の把握」のプロセスで指導していくことが必要です。

　しかし，同時にこの子どもの学習する意欲が低下している場合があります。そのような場合には「２　心理的な安定」のプロセスの指導が必要になります。つまり，このような子どもには「４　環境の把握」と「２　心理的な安定」の２つのプロセスを相互に関連させて授業づくりを行っていくことになります。

　自立活動の学習指導要領解説では「必要とする項目を選定し，それらを相互に関連付け，具体的に指導内容を設定する」ことが示されています[※]。したがって，**基本的には複数のプロセスを相互に関連させながら授業づくりを行っていくことになります。**

②プロセスを焦点化して授業をつくる

　しかし，必ずしも**複数のプロセスを相互に関連させなくてもよい場合もあ**ります。

　例えば，この子どもは「1　健康の保持」に絞って取り組む，今学期は「2　心理的な安定」に重点的に取り組む，のように自立活動のプロセスをどこかの区分や項目に焦点化して授業づくりを行っていく方法もあります。

　先ほどの，LD（学習障害）で，シンプルに「書く」困難だけが見られる子どもには，「4　環境の把握」のプロセスに焦点化して指導していけばよいでしょう。

　プロセスを焦点化して授業をつくると，指導目標もシンプルになります。指導目標はシンプルな方が，あれもこれもやらなくて済むので，目標達成にもつながりやすくなります。目標達成ができれば，子どもは通級指導を退室（退級）できるようになります。

　現在，通級指導を利用する子どもが増えています。増えてきているため，自治体によっては「通級指導を利用したくてもいっぱいで入れない」といった現象も出てきています。教室運営上，課題を達成した子どもに対して退室（退級）をスムーズに進めていかなければならないという事情を抱えている悩みもよく聞かれます。

　複数のプロセスを相互に関連させると，目標となる自立活動の区分や項目が必然的に多くなっていきますので，いつまでも課題達成につながらずに，なかなか退室（退級）に結びつかないといったこともあります。したがって，子どもによってはプロセスを焦点化した指導を行い，早めの退室（退級）を目指すことも必要です。

※「特別支援学校教育要領・学習指導要領解説　自立活動編（幼稚部・小学部・中
　学部）」第7章第3の1

ゲーム系のコンテンツ

Check!

船長さんの命令ゲーム
①ゲームに負けて怒ってしまうようなら「2　心理的な安定」を選定する
②集団から外れてしまうなら「3　人間関係の形成」を選定する

【ルール】
　「船長さんの命令」と言ったときだけ，言われた命令に従います。
・「船長さんの命令，右手を上げて」→従う必要がある。
・「右手を上げて」→従う必要はない。

　「船長さんの命令」と言っていない命令に引っかからないようにするのが，このゲームの面白いところです。

　ゲーム系のコンテンツは，勝ち負けがつくのが特徴です。在籍学級でも，勝ち負けがつく活動はよく行われます。

①ゲームに負けて怒ってしまうようなら「2　心理的な安定」を選定する

　勝ち負けがつく活動で，「負けたときに怒ってしまう」という子どもの姿はよく見られます。このような子どもにも，いろいろなタイプがあります。ゲーム系のコンテンツでそれぞれの子どもの実態に応じたプロセスを考えた授業を考えていくとよいでしょう。

「２　心理的な安定」の「(1)情緒の安定に関すること」のプロセスでは，「ゲームに負けたとき」すなわち「興奮を静められなくなったとき」にどのように行動すればよいかを理解できるような目標を立てていきます。

　具体的には，自分を落ち着かせることができる場所に移動したり，深呼吸をしたりするなどのクールダウンの方法を身に付けていくことが考えられます。子ども自身が「これなら自分を落ち着かせることができる」と納得して取り組めるような方法を見つけていくことを指導します。

　そして，実際に練習してみることも必要です。もし，通級指導で小集団学習が行えるようであれば，「船長さんの命令ゲーム」を小集団で行い，勝ち負けを決めてみます。そこで，学んだクールダウンの方法を実際にやってみるようにします。

②集団から外れてしまうなら「３　人間関係の形成」を選定する

　船長さんの命令ゲームをみんなでやろうとしているのに「ぼく，そんなのやりたくないもん！」と，ゲームをみんなで楽しもうとしない子どももいるでしょう。このような子どもには「３　人間関係の形成」のプロセスで，集団への参加の基礎をつくる目標を設定していきます。

　例えば「（あなたが参加しないと）他の友だちはどう思うかな？」と尋ねてみます。これは，自分の行動を他者の視点で捉えてみる契機となります。自分の行動が「集団での行動にふさわしくない」ことに気づけるようになっていけたら，「３　人間関係の形成」のプロセスの成果が表れ始めていると考えられるでしょう。

　実際に他の子どもの声を集めてみるのもよい場合があります。そして，「みんなは一緒にやりたいって言っているよ」と周りの友だちの気持ちに意識を向けるような指導も「３　人間関係の形成」のプロセスの指導であるといえます。

クイズ系のコンテンツ

Check!

スリーヒントクイズ
①自分自身の特性理解を図るなら「4　環境の把握」を選定する
②学習の意欲を高めるなら「2　心理的な安定」を選定する

【やり方】
正解に関するヒントを3つ出します。

（例）これは何でしょう。ヒント1「動物です」，ヒント2「大きいです」，ヒント3「鼻が長いです」

・子どもが回答者であれば，3つのヒントを聞き，正解を当てます。
・子どもが出題者であれば，問題と3つのヒントをつくります。

クイズ系のコンテンツは，子どもの「正解したい」という意欲を喚起できるところに特徴があります。
ここでは，「子どもが回答者」の場合について考えていきます。

①自分自身の特性理解を図るなら「4　環境の把握」を選定する

「4　環境の把握」のプロセスでは，スリーヒントクイズを，自分の感覚や認知の特性についての理解につなげていきます。

例えば，聴覚的な聴き取りの弱い子どもであれば，口頭で出された問題やヒントを上手く聞き取ることができないかもしれません。そのような場合には，問題やヒントを口頭だけでなく，板書やカードなど文字にして表してあげることが，この子どもへの支援となります。

　このときに教師は，「あなたは見ることが得意なんだね」「ちゃんと見れば正解することができるんだね」というように，この子どもの感覚や認知の特性の視点で気づきを与えます。子ども自身が「自分は見れば，ちゃんとできるんだ」という理解につながるようになるとよいでしょう。

②学習の意欲を高めるなら「2　心理的な安定」を選定する

　「2　心理的な安定」のプロセスでは，子どもの意欲を喚起したり，子どもの学び方を動機づけたりすることをねらいとしていきます。

（教師）すごいね！　どうしてわかったの？

（子ども）1つ目のヒントを聞いた時点で，残りの2つのうちどっちかだと思ったよ。

　「2　心理的な安定」のプロセスでは，クイズに正解したという子どもにとっては嬉しく誇らしい場面を，本人の学習意欲を高めることにどのように用いるかということがポイントです。授業の終末部に行われる振り返りの活動場面こそが，この指導が発揮される場面です。ただ「クイズに正解できたね。よかったね」で終わるのでは，「2　心理的な安定」のプロセスの指導としては不十分です。振り返りの場面において，意欲を高める視点をもっていくことが通級指導担当の技法となります。

言語系のコンテンツ

Check!

ふわふわ言葉・ちくちく言葉
①他者の気持ちを考えるなら「3　人間関係の形成」を選定する
②言葉を増やしていくなら「6　コミュニケーション」を選定する

【学習活動について】

それぞれどのような言葉があるのかを考えて，集めていきます。

・ふわふわ言葉：うれしい，やる気になるような言葉

（例）ありがとう，ごめんね，ドンマイ，やった，元気出して

・ちくちく言葉：悲しくなる，暗くなる言葉

（例）ウザイ，キモイ，ムカつく，どっか行け

　言語系のコンテンツは，学習活動や人間関係において大切な「言葉」に焦点をあてるところが特徴です。「ふわふわ言葉」と「ちくちく言葉」のように語彙（語の集まり）を広げていくことで，学習活動や人間関係の改善につなげていきます。

①他者の気持ちを考えるなら「3　人間関係の形成」を選定する

　「3　人間関係の形成」のプロセスでは，「ふわふわ言葉」や「ちくちく言葉」が相手にどのように伝わるのか，相手はどのように感じてしまうのかということを考えることができるようにするのが目標となります。

例えば，友だちに対して日常的に乱暴な言葉遣いをしていて，その結果，友だちとトラブルになってしまうような子どもがいます。このような子どもは「ちくちく言葉」をよく使ってしまっているのかもしれません。

まず，この子どもが日常的に使用してしまっている乱暴な言葉を集めます。その乱暴な語彙（語の集まり）を「ちくちく言葉」というタイトルにすると，子どもにとってもイメージしやすくなるでしょう。

そして，「ちくちく言葉を言われたらどんな気分になるのか」という他者の気持ちを考えるような学習活動を行います。

②言葉を増やしていくなら「6　コミュニケーション」を選定する

自立活動の「6　コミュニケーション」のプロセスでは，「ふわふわ言葉」と「ちくちく言葉」という語彙（語の集まり）を利用して，言葉を増やしていくことが目標となります。

例えば，なかなか友だちに何かを頼めなかったり，断れなかったりする子どもの中には，「何て言ったらよいのかわからない」という言葉の面での課題がある子がいます。

このような子どもに対しては，「遊びに入れてほしい場面」，「初めて会った相手に対して何かをお願いする場面」など，いろいろな場面を想定し，その場面ごとに「ふわふわ言葉」と「ちくちく言葉」を考えていく学習活動を行います。これは，言語の形成と活用を目標としているので，「6　コミュニケーション」のプロセスによる指導となります。

子ども自らが，「ふわふわ言葉」と「ちくちく言葉」の具体的な言葉を考えにくいことがあるかもしれません。そのような場合は，教師が具体的な表現を挙げて，この言葉は「ふわふわ言葉」と「ちくちく言葉」のどちらに当てはまるのかを分類していくといった学習活動を行っていきます。

制作系のコンテンツ

Check!

折り紙をしよう
①成功体験を積んでいくなら「2　心理的な安定」を選定する
②あいまいな言葉を教えるなら「4　環境の把握」を選定する

【折り紙を使った活動例】
・紙飛行機を作って飛ばす。
・お楽しみ会の飾りを作る。
・品物を作ってお店屋さんごっこをする。

　制作系のコンテンツは，「何かを作る」ことで達成感を得やすいという特徴があります。また，子どもの好きなものを作ったり，学校行事に必要なものを作ったり，誰かにプレゼントするものを作ったりと，いろいろな目的に応じやすいコンテンツです。

①成功体験を積んでいくなら「2　心理的な安定」を選定する

　通級指導を利用する子どもの中には，在籍学級での学習への意欲を失っているケースがよく見られます。学習への意欲づけを行っていくためには，「できた！」という成功体験が必要ですが，在籍学級の教科の授業ではなかなか難しいという現実もあります。

　「折り紙をしよう」では，子どもの好きなものを折り紙で作ったり，興

味・関心があることと関連させて折り紙で何かを作ったりすることができます。

　例えば，飛行機が好きな子どもであれば「紙飛行機を折って飛ばしてみよう」という学習活動が設定できそうです。「もっと遠くまで飛ぶ紙飛行機を折るにはどうしたらよいか」といった課題を設定して，本やインターネット等で調べながら作ってみます。そのような学習経験を積み重ねていくと，「自分は何かを調べることが好きだ」というような自己理解が進むこともあります。

　通級指導にて，自分の得意なことを行いながら，学習活動に対して前向きになれるようにしていきます。

②あいまいな言葉を教えるなら「4　環境の把握」を選定する

　折り紙では「端をぴったり合わせる」「しっかりと折り目を付ける」のような表現がよく使われます。この「ぴったり」「しっかり」という言葉はあいまいなものです。子どもはぴったり合わせたつもりでも，大人から見たらぴったり合っていないということもあります。

しっかり折る…

　「ぴったり」「しっかり」のような言葉は，「4　環境の把握」でいう「認知や行動の手掛かりとなる概念」の一つです。つまり，どこまでやったら「ぴったり」になるのか，「しっかり」になるのかは明確に示すことはできません。しかし，実際に子どもが何かを認知したり，何か行動をしたりするときには，その意味がわかっていないと的はずれな言動をしてしまうことにつながってしまいます。

　例えば，端がぴったり合わさっている見本を用意して，自分が折ったものと比べてみることで「ぴったり」の概念を獲得できるようにしていきます。

運動系のコンテンツ

Check!

バランスボール
①身体機能の向上を図るなら「5　身体の動き」を選定する
②ペアにして行うのなら「3　人間関係の形成」を選定する

【バランスボールを使った運動例】
・バランスボールに座り，弾む，止まる（静止）。
・バランスボールに座った姿勢から，ボールが動かないように静かに立ち上がる。
・バランスボールに座った姿勢から，足を前にずらしていき，背中がバランスボールと接するようにする。そして，また座った姿勢に戻る。
・バランスボールにお腹をつけて，手は床につけ，四つ這いのような姿勢になる。その姿勢をキープしながら，バランスボールを足の方へずらしていく。

　運動系のコンテンツは，身体を動かすことでアクティブな活動になります。通級指導では運動系のコンテンツを，身体の動きの改善だけでなく，気分転換やリラクゼーション等にも活用することがあります。

①身体機能の向上を図るなら「5　身体の動き」を選定する

　通級指導を利用する子どもの中には，在籍学級での授業中に姿勢が崩れて

しまう子どもがいます。このような子どもに対して，バランスボールを使っ
たエクササイズで体幹部の筋肉を鍛えたり，バランス感覚を養ったりするの
は，「5　身体の動き」のプロセスの指導になります。

　あるいは，在籍学級での授業中に，落ち着きがなく身体を常に動かしてい
る子どももいます。このような子どもに対しては，バランスボールに座った
まま静止するなど「静止の動き」を意識できるようにすることを目標にして
いくことが考えられます。これも「5　身体の動き」のプロセスの指導です。

　バランスボールを使ったエクササイズは，継続的に行ってこそ効果が表れ
ます。例えば，毎回授業の冒頭で，バランスボールを使った運動を5分程度
行うことをルーティンにすると，継続的に行うことができるようになります。

②ペアにして行うのなら「3　人間関係の形成」を選定する

　バランスボールを使った運動は，一人だけで行うのではなく，二人組（ペ
ア）で行うこともできます。子どもをペアにして行うようにすると，「3
人間関係の形成」のプロセスでの指導ができます。

　例えば，他者に対してあまり関心のないような子どもに対して，バランス
ボールを使ったペアでのエクササイズを考えてみます。ペアのうち一人の子
どもはバランスボールの上に座ります。もう一人の子どもは，バランスボー
ルに乗っている友だちが転ばないように支えてあげます。

　バランスボールに乗っている子どもは，サポート役の子どもを信じること。
サポート役の子どもは，相手の子どものバランスが崩れそうになったら助け
てあげることなどを活動の目標にします。このようにすることで，他者を意
識する「3　人間関係の形成」のプロセスの指導になります。

会話系のコンテンツ

Check!

サイコロスピーチ
①子どもの実態に応じた会話なら「6　コミュニケーション」を選定する
②話すことに不安を感じるのであれば「2　心理的な安定」を選定する

【やり方】
・サイコロの1から6までの「目」に応じて，話すテーマを決めておきます。
（例）「1」……今，ハマっている遊び　「2」……好きな食べ物　等
・サイコロを振って，出た目のテーマをスピーチします。

　会話系のコンテンツは，最終的には「双方向性のコミュニケーション」が成立するための指導を行うところに特徴があります。

①子どもの実態に応じた会話なら「6　コミュニケーション」を選定する

　例えば，なかなか自分から話すことができない子どもは，「6　コミュニケーション」のプロセスでの指導が必要だと考えられます。そのような子どもに対して，サイコロスピーチを行うことを考えてみましょう。
　まずは無理のないように，少しずつ言葉を表出できるようにしていきます。

> 今，ハマっている遊びは？（オープンクエスチョン）
> 今，ハマっている遊びは○○のゲームですか？（クローズドクエスチョン）

　クローズドクエスチョンであれば，「はい」「いいえ」で答えることができます。オープンクエスチョンに比べて，会話のハードルは低くなります。

　オープンクエスチョンとクローズドクエスチョンを上手く使って，子どもの実態に応じた指導を展開していくことは，「6　コミュニケーション」のプロセスでの指導といえるでしょう。

　また，会話系のコンテンツは，国語科の「話すこと・聞くこと」の内容との関連も非常に大きいところです。各学年の国語科の「話すこと・聞くこと」で学んでいる学習内容を生かしていくことも大切です。

②話すことに不安を感じるのであれば「2　心理的な安定」を選定する

　話したり聞いたりするスキルはあるけれど，人前で話すのが怖いという子どももいます。このような子どもには，「2　心理的な安定」のプロセスでの指導が必要となります。「2　心理的な安定」のプロセスでは，サイコロスピーチの活動において「間違ってもよい」「できなくてもよい」ということを，その子どもが感じられるようにすることが大切です。これは活動の前に，学習のルールとして提示しておくとよいです。

　また，話し始めるまですこし時間をおいたり，あらかじめ話す内容を考える時間を設定したりするといったことも効果的です。例えば，話し始める前に全員がサイコロを振っておき，自分のテーマについて考える時間を5分ほどとってから話し始めるというルールにすることができます。この5分の間に，教師とどのような話にしようか相談しておけるようにすると，子どもは安心感をもって話をすることができるようになるかもしれません。

場面指導系のコンテンツ

Check!

こんなときどうする？
①気持ちに焦点化するなら「2　心理的な安定」を選定する
②振るまいに焦点化するなら「6　コミュニケーション」を選定する

【やり方】
・子どもの日常生活の場面を基に，困ったことやトラブルが起きた場面等を，イラストを用いて提示する。その場面について，どうすればよいのかを考える。
（例）「ゲームで負けたときに，どうすればいいかな？」

　場面指導系のコンテンツは，特定の状況や問題を教材にするところに特徴があります。日常生活で困難が起こりそうな場面について，具体的にその場での振るまい方を考えることができるようになります。

①気持ちに焦点化するなら「2　心理的な安定」を選定する

　ゲームに勝つことにこだわりがある子どもは，ゲームに負けたときに何かトラブルを起こしてしまいそうです。このような子どもに対して「2　心理的な安定」のプロセスでの指導を考えてみましょう。
　まず，ゲームで負けた子どもが大騒ぎしているような場面をイラストで提示します。そして，「（ゲームで負けたとき）この子はどうすればよかったか

な？」と発問します。このときに，ただ行動面だけに着目するのではなく，この子どもの気持ちの面にも着目できるようにします。

　子どもが考えたその気持ち（くやしい，悲しい，ムカつく等）を，どのように解消すればよいのかを考えていきます。例えば，「深呼吸をしてクールダウンをする」というアイデアは，大騒ぎしている気持ちを落ち着けるためには効果的です。

深呼吸もクールダウンになるね！

　さらに「ゲームで負けた」瞬間から，「深呼吸をしてクールダウンする」までの一連の流れをロールプレイで練習してみると，具体的な気持ちを落ち着かせる方法を学ぶことができるでしょう。

②振るまいに焦点化するなら「6　コミュニケーション」を選定する

　「6　コミュニケーション」のプロセスの視点では，ゲームで負けたときに大騒ぎする子どもは，「大騒ぎすることで自分の要求を叶える」という誤ったコミュニケーションをしているという視点に立ちます。

　このような視点からの指導では，例えば，「ゲームで負けたときに大騒ぎをする」「ゲームで負けたときに『次，頑張ろう』と言う」という2つの振るまい方を提示して，どちらがより適切なのかを比較しながら考えることができるようにします。

　教師が実際にその2つの場面を演じてみて，「どのように違いましたか？」と尋ねるのもよいでしょう。

研究系のコンテンツ

Check!

自分研究
①意欲をもたせたいなら「2　心理的な安定」を選定する
②特性理解なら「1　健康の保持」「3　人間関係の形成」「4　環境の把握」を選定する

【やり方】
・困っていることや学び方などを自分で研究し，先生や仲間と一緒に対処方法を考えていく。
・教室を研究所に見立て，子どもたちを研究員，先生を共同研究者として活動を進める。

研究系のコンテンツは，「総合的な学習の時間」を応用した探究的な学習です※。

簡単なものなら単発（1時間）でも可能ですが，単元化することで長期間の活動にもなります。小学校高学年くらいからの学習活動として最適です。

探究的な学習における児童の学習の姿

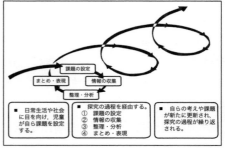

課題の設定
まとめ・表現
情報の収集
整理・分析

■ 日常生活や社会に目を向け，児童が自ら課題を設定する。
■ 探究の過程を経由する。
① 課題の設定
② 情報の収集
③ 整理・分析
④ まとめ・表現
■ 自らの考えや課題が新たに更新され，探究の過程が繰り返される。

※【総合的な学習の時間編】小学校学習指導要領（平成29年告示）解説　第2章第2節より

①意欲をもたせたいなら「2　心理的な安定」を選定する

在籍学級の授業は意欲的ではないですが，自分の好きなことや得意なことなら没頭するようなタイプの子どもには，何かを深く追究したいという意欲を通級指導で上手く生かしていけるようにします。

子どもの意欲を高めていくという点において，「2　心理的な安定」のプロセスの指導となります。

②特性理解なら「1　健康の保持」「3　人間関係の形成」「4　環境の把握」を選定する

自立活動では，自分の特性の理解に関する項目は，いくつかの区分において示されています。

> 1　健康の保持
> 　(4)障害の特性の理解と生活環境の調整に関すること
> 3　人間関係の形成
> 　(3)自己の理解と行動の調整に関すること
> 4　環境の把握
> 　(2)感覚や認知の特性についての理解と対応に関すること

「自分研究」は，これらの項目のいずれか，またはすべてに該当します。健康面に課題があるなら「健康の保持」，対人関係面に課題があるなら「人間関係の形成」，学習面に課題があるなら「環境の把握」のプロセスの指導とすることができます。

教科の補充系のコンテンツ

> **Check!**
>
> 文字を書く・計算をする
> ①文字の困難を解決するなら「4　環境の把握」を選定する
> ②意欲を高めていくなら「2　心理的な安定」を選定する

　通級指導教室は，「自立活動」の指導を行う場です。国語科や算数・数学科のような教科の指導を行うことはできません。「必要な場合にのみ各教科の補充指導を行う」というように「教科の補充指導」ができることが示されています[※]。「**教科の補充指導**」**とは，ただ単に教科の遅れを補充するための指導という意味ではありません。**自立活動と関連させた指導にしていくことが大切です。

①文字の困難を解決するなら「4　環境の把握」を選定する

　自立活動の「4　環境の把握」の「環境」は，「デザイン」と言い換えてみると，文字に困難を示す子どもへの指導がしやすくなります。

　子どもたちが在籍学級で学習するときには，文字を必ず使用します。文字というものは，デザイン的な要素が強いものです。ひらがな，カタカナ，漢字は，日本語の文字としてのデザインです。

　そのように考えると，文字が読めない，文字が書けないというのは，デザインを把握することが困難であるということができます。したがって，文字が読めない，文字が書けないという子どもについては，自立活動の「環境（デザイン）の把握」のプロセスによる指導を行うことができるのです。こ

れが自立活動で「教科の補充指導」を行うという考え方の一つです。

　それでは，文字を書くことが苦手という子どもに対しての，自立活動の「環境（デザイン）の把握」のプロセスによる指導を考えてみましょう。

　従来は，学校では「鉛筆で文字を書く」ことしか考えられませんでした。しかし，タブレット端末を子どもが使用できる環境が整ってきたことで状況は一変してきました。タブレット端末を使用して，文字を書くことの「代行手段の活用」を考えていくことが，自立活動の「環境（デザイン）の把握」のプロセスによる指導として考えられます。

　教師が「代行手段の活用」を決めるのではなく，子どもと一緒にいろいろな方法を試してみて，「どれだったら使えるか」ということを子どもと相談しながら決めていくとよいでしょう。

　タブレット端末（ICT）を活用して子どもの学習上の困難の解決を図ろうとすることは，自立活動の「環境の把握」のプロセスでの「教科の補充指導」であるということができます。

【文字を書くことが苦手な子どもに対してのタブレット端末の活用例】

・キーボードを使用する
・カメラ機能を使用する
・音声入力を活用する
・メモ機能を活用する

キーボードを使用する

　鉛筆で書く代わりに，キーボードで文字入力をすることを授業でできるようにしていきます。

　文字入力の効率的な方法を学んだり，ノートとなるアプリはどれがよいかなどを考えたりしていきます。

カメラ機能を使用する

　板書をノートに写す代わりに，板書をカメラで撮影することを授業ででき
るようにしていきます。

　これもただ撮影するだけではなく，撮影した画像をどのように整理してい
くか，画像を基にどのように自らの学習に生かしていくかなどについて考え
ていきます。

音声入力を活用する

　書き表す代わりに，声で音声入力したものを自動的に文字起こしする機能
を活用できるようにしていきます。

　文字起こしした文章では，漢字が誤っていることがあります。同じ音でも，
その文脈において使用する漢字は異なることが多いからです。したがって，
文字変換された漢字が適切かどうかをチェックする習慣を身に付けていく指
導をしていくとよいでしょう。

メモ機能を活用する

　紙と鉛筆でメモする代わりに，録音するメモ機能を活用することができる
ようにしていきます。

　メモ機能は，録音されたことがそのまま文字になるので，手書きのメモに
比べて，文字量が膨大になりがちです。タグ機能を使って，大事な部分にた
どり着きやすくすることなどを知っておくとよいでしょう。

②意欲を高めていくなら「2　心理的な安定」を選定する

　「教科の補充指導」が必要な子どもは，学習に対する意欲の問題も大きい
です。本人に意欲がなければ，教師がいくら指導や支援を行っても効果が上
がらないからです。

　自立活動では，「2　心理的な安定」の「(3)障害による学習上又は生活上

の困難を改善・克服する意欲に関すること」が「意欲」に関連する項目です。したがって，子どもの学習上の意欲を高めていく視点での指導は，「2　心理的な安定」のプロセスでの「教科の補充指導」であるということができます。

　2章の「4　環境の把握　(1)保有する感覚の活用に関すること」において，「かけ算九九」をなかなか覚えることができない子どもの事例を取り上げました。「かけ算九九」を覚えられないために，その先に出てくる単元の内容ができなくなると，算数・数学科における意欲が低くなってしまうでしょう。

　この子どもが「視覚優位（見て学ぶことが得意）」であれば，視覚的な教材（カード等）を用いてかけ算九九を学習するとよいのではないかと考えられます。

　あるいは，この子どもが「聴覚優位（聞いて学ぶことが得意）」であれば，聴覚的な教材（「かけ算九九」の歌等）を用いて学ぶことが有効でしょう。

　このように「4　環境の把握」の指導と関連させて指導していくと，意欲が高まっていくことが期待できます。ただ単に教科の内容をできるようにするということが目的ではなく，「こういう方法で学習すれば，自分もできるんだ」という意欲を高めることができるようにすることが，「2　心理的な安定」のプロセスでの「教科の補充指導」となるのです。

※学校教育法施行規則第140条の規定による特別の教育課程について定める件（平成5年文部省告示第7号）

4章

自立活動の
授業づくりの技法

ルールを守ることが難しい子ども

①子どもの実態

> ハルさん　小学校3年生　男子
>
> 　ハルさんは，ルールを守ることが難しい子どもです。
>
> 　教室では，授業中は手を挙げて発言するというルールを決めていますが，ハルさんは誰かが話していてもおかまいなしに不規則発言をすることがあります。
>
> 　また，給食や掃除のルールなども，学級会にてクラス全体でルールを決めているにも関わらず，ハルさんは守れないことが多いです。
>
> 　ルールを守らなかったときには教師や友だちが注意をしますが，ハルさんは注意されても，まるで気にする様子がなく，改善が見られません。

②必要な自立活動の区分を選定する

　まず，「子どもの実態」のレポートにおいて気になる部分を，箇条書きにしてリストアップしていきます。

> ・授業中に不規則発言をする。
> ・クラスで決めた給食や掃除のルールを守らない。
> ・教師や友だちから注意されても気にする様子がない。

次に，リストアップしたものが，それぞれ自立活動のどの区分に該当するのかを考えます。自立活動の6区分について，今回は「区分の番号」を使用しますので，もう一度確認しておきましょう。

　1　健康の保持
　2　心理的な安定
　3　人間関係の形成
　4　環境の把握
　5　身体の動き
　6　コミュニケーション

　ハルさんの全体的な状態を踏まえたうえで，「授業中に不規則発言をする」という行動からは，2つの可能性が考えられます。一つは，ハルさんが「話したい」という気持ちをすぐに行動に移してしまうということ。これは「2　心理的な安定」の区分に該当します。

　もう一つは，不規則発言をすることによって，教師や友だちが迷惑をしていることに気づけないということ。これは「3　人間関係の形成」の区分に該当します。

　したがって，「授業中に不規則発言をする」ということからは，「2　心理的な安定」と「3　人間関係の形成」に関連した指導が必要だということがわかります。

　「クラスで決めた給食や掃除のルールを守らない」も同様に考えることができます。自分のやりたいことを優先してしまうことと，他者の迷惑を考えることができていないという点から，「2　心理的な安定」と「3　人間関係の形成」の区分に該当すると考えられます。

　「教師や友だちから注意されても気にする様子がない」は，他者とのかかわりの問題であると考えられます。これは「3　人間関係の形成」に該当します。

このようにそれぞれの実態について，該当する自立活動の区分を考えていきます。なるべく簡便に作業できるようにするために，この実態の横に番号を振っていきます。「心理的な安定」は自立活動の区分番号は「２」ですので②，「人間関係の形成」は③と記入します。

【ハルさんの実態と自立活動の区分の対応関係】
・授業中に不規則発言をする。②③
・クラスで決めた給食や掃除のルールを守らない。②③
・教師や友だちから注意されても気にする様子がない。③

　ハルさんの指導は「２　心理的な安定」と「３　人間関係の形成」を軸に考えていけばよいことが整理されました。

③自立活動の項目を絞る

　まず，「２　心理的な安定」について，指導に必要な項目を絞っていきます。

【「２　心理的な安定」の項目】
(1)情緒の安定に関すること
(2)状況の理解と変化への対応に関すること
(3)障害による学習上又は生活上の困難を改善・克服する意欲に関すること

　ハルさんは「ルールを守ることが必要な授業の場面」という状況を理解したうえで，適切な行動の仕方を身に付けていく必要があると考えられます。したがって，「２　心理的な安定」については「(2)状況の理解と変化への対応に関すること」を自立活動の項目として選定することが適当であると考え

144

られます。

　同じように「３　人間関係の形成」についても，必要な項目を絞っていきます。

【「３　人間関係の形成」の項目】
(1)他者とのかかわりの基礎に関すること
(2)他者の意図や感情の理解に関すること
(3)自己の理解と行動の調整に関すること
(4)集団への参加の基礎に関すること

　「３　人間関係の形成」については，みんなで決めたクラスのルールを守ってほしいという教師や友だちの思いを受け入れられるようになることが必要です。したがって「(2)他者の意図や感情の理解に関すること」を選定しました。

【ハルさんに必要な自立活動の区分と項目】
　２　心理的な安定
　　(2)状況の理解と変化への対応に関すること
　３　人間関係の形成
　　(2)他者の意図や感情の理解に関すること

---

④コンテンツの選定

　「場面指導系のコンテンツ」で，一つの場面から，結果が異なる２つのパターンを設定して，それぞれを考える学習活動を考えました。
　具体的には，「場面探偵」と題して，友だちが会話をしているところに加

わろうしている子どもの事例を調査するという学習活動です。この友だちの会話に「加わることができた」パターンと，「加わることができなかった」パターンの２つを比べながら，それぞれの情報を整理して，違いを理解できるようにしていきます。

⑤授業案

・授業名：場面探偵
・目　標：提示された場面について，いろいろな視点から情報を集めることができる。

学習活動	指導上の留意点
１．あいさつ，学習の準備，授業の予定の確認等（５分）	・授業予定については，視覚的に示しておく。
２．場面絵について考える（15分）	

【提示する場面絵】

(1)子どもが２人，ゲームについて楽しそうに話をしている。
そこに，サトシさんが現れる。サトシさんもそのゲームは好きなので，２人の話に加わりたいと思っている。

(2)〔失敗バージョン〕２人の会話に，サトシさんは上手く加われなかった場面

(3)〔成功バージョン〕２人の会話に，サトシさんは上手く加われた場面

友だちが楽しそうにゲームの話をしています。
サトシさんは，「そのゲーム、ぼくも知ってる！」と思い、話に入ろうとしました。

そのゲーム、
ぼくも知ってる！

???

・〔失敗バージョン〕と〔成功バージョン〕を比較しながら，場面の状況が理解できるようにする。

3．ワークシートを用いて分析する（20分） ・考えられることは複数記入してもよいことにする。	・本人が自分で書くことができるようにする。
4．振り返りをする（5分） ・2つの場面を比べるときに，どんなことに気を付けたかを振り返る。	

⑥授業のポイント

- -

　日頃から注意を受けているような場面を，直接的にその主訴に関する題材で取り上げると，子どもが「また注意されるのか」と構えてしまうことがあります。まずは，ハルさんが安心して学習活動に向かうことができるような教材を作成してみました。

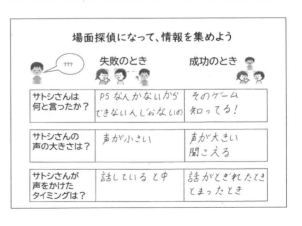

集団に参加できない子ども

①子どもの実態

> **ユイさん　小学校2年生　女子**
>
> 　ユイさんは，クラスの活動になかなか参加できない子どもです。
>
> 　授業中や休み時間に，友だちと会話をすることはあまりありません。休み時間は，絵を描いて過ごしています。
>
> 　保護者の話では，家族に対しては普通に話すことができているようです。幼児期から家族以外の人と会うときは不安が強くなるという話もありました。フワフワしているような，かわいい小物が好きだそうです。

②必要な自立活動の区分を選定する

　「子どもの実態」のレポートにおいて気になる部分をリストアップして，自立活動のどの区分に該当するのかを考えます。

> **【ユイさんの実態と自立活動の区分の対応関係】**
> ・クラスの活動になかなか参加できない。②
> ・友だちと会話をすることがあまり見られない。②⑥

　「クラスの活動になかなか参加できない」という主訴は，その原因についていろいろな可能性が考えられます。ここでは「家族に対しては普通に話す

ことができている」「幼児期から家族以外の人と会うときは不安が強い」という情報から，ユイさんの心理面に着目して「2　心理的な安定」の項目を選定しました。

　「友だちと会話をすることがあまり見られない」は，同様に「2　心理的な安定」の項目に該当すると考えられますし，「6　コミュニケーション」の項目も関連させた方がよさそうです。

③自立活動の項目を絞る

- -

　「2　心理的な安定」については，2章で取り上げた「選択性かん黙の特性からヒントを得る」が参考になります。したがって，「(2)状況の理解と変化への対応に関すること」を自立活動の項目として選定します。

　「6　コミュニケーション」については，実際に声に出して話すことにとらわれずに，柔軟な言語のやり取りをしていくことを目標としていくことがよいでしょう。したがって「(2)言語の受容と表出に関すること」を選定しました。

【ユイさんに必要な自立活動の区分と項目】
2　心理的な安定
　(2)状況の理解と変化への対応に関すること
6　コミュニケーション
　(2)言語の受容と表出に関すること

---

④コンテンツの選定

- -

　「会話系のコンテンツ」で紹介した「サイコロスピーチ」に「クイズ系のコンテンツ」の要素を加えて，「サイコロクイズ」という学習活動を考案し

ました。

　ユイさんの特性や発達段階（学年）を考慮すると，１時間ずっと「サイコロクイズ」を行うのは負荷が強いと思われます。したがって，「サイコロクイズ」の活動をメインに据えて，「安心できるもの集め」の活動も併せていきたいと思います。

⑤授業案

・授業名：「サイコロクイズ」「安心できるもの集め」
・目　　標：安心感をもって会話を楽しむことができるようになる方法を知る。

学習活動	指導上の留意点
１．あいさつ，学習の準備，授業の予定の確認等（5分）	・授業予定については，視覚的に示しておく。
２．安心できるもの集め（5分） (1)感触のよさそうなもの（スポンジボール，ぬいぐるみ等）や，かわいい小物などをいくつか用意しておく。子どもが好きなものを選ぶ。 (2)選んだものをユイさんのそばに置いて授業を進めること，いつでも触ったりしていいことを伝える。	・前もって子どもが好きそうな小物の傾向をつかんでおく。 ・選択肢には，子どもが好きそうでないものも入れておく。
３．サイコロクイズの準備をする（15分） ・①から⑥までの目に応じた質問があるので，その解答を考えて，メモに書いておく。 【例】 ①今，ハマっている遊び ②好きな食べ物 ③行ってみたい場所 ④プレゼントでほしいもの	・①から⑥の質問はあらかじめ子どもが答えられそうなものを用意しておく。 ・同じ目が続いて出ることがあるので，答えは複数書いておいてもよい。

⑤好きな遊び ⑥飼ってみたい動物	
４．サイコロクイズをする（15分） 【ルール】 (1)子どもがサイコロをふる。 (2)出た目のお題について，教師がメモに書いた 　答えを当てる。 (3)子どもは，教師の回答に対して「正解」か 　「不正解」かを，首を振ることで答える。 (4)教師には３回，解答権がある。３回以内に当 　たらなければ，子どもの勝ち。	・子どもに話すことを強 　要しない。
５．振り返りをする（５分） ・上手く話せたかどうかよりも，「こわくなか 　った」かのように，目標に沿った振り返りを 　する。	

⑥授業のポイント

　自立活動の視点でアセスメントすると，ユイさんにとっては直接的に話すことを練習するよりも，まずは「２　心理的な安定」を意図した指導をしていくことが大切であるといえます。

　本時では，ユイさんが「安心感をもって会話を楽しむことができるようになる方法を知る」という目標を立てることによって，例えば「お気に入りの小物があればこわくない」「首を振って意思を表してもよい」という経験を得ていくことをねらいとしました。

安全面での課題がある子ども

①子どもの実態

ヒロさん　小学校５年生　男子

　ヒロさんは，安全面で課題がある子どもです。わざと危険な行為をすることがあります。

　先日は，３階にある教室の窓から身を乗り出し，大騒ぎになりました。万が一，下に落ちたら大事故になります。しかし，本人は楽しんでやっているようでした。

　自分の安全面だけでなく，他者に対して危険な行為を行う心配もあります。先日，家庭科にてナップサックを作る学習活動をしていたとき，ヒロさんはわざと針を友だちに向けて，友だちが「止めて！」と大声で訴えていたこともありました。

　ヒロさんは，危険なことに関する意識が低いのではないかと思われます。

②必要な自立活動の区分を選定する

　「子どもの実態」のレポートにおいて気になる部分をリストアップして，自立活動のどの区分に該当するのかを考えます。

> **【ヒロさんの実態と自立活動の区分の対応関係】**
> ・わざと危険な行為をすることがある。①④
> ・友だちに対して意図的に危険な行為をする。③

「わざと危険な行為をすることがある」のは，「危険なことに関する意識が低い」ためであると指摘されています。そうだとすると，ヒロさんがそもそも備えている特性に起因することが考えられます。

そのような子どもの特性に起因するものであるとすると，自立活動では2つの区分が該当すると考えられます。

一つは「1　健康の保持」の区分です。子どもの特性によって，健康や安全が脅かされているという視点です。

もう一つは，「4　環境の把握」の区分です。子どもの特性によって，周囲の状況判断が適切に行えていないという視点です。

以上の点から，「わざと危険な行為をすることがある」から「1　健康の保持」と「4　環境の把握」の自立活動を選定しました。

また，「友だちに対して意図的に危険な行為をする」は，「3　人間関係の形成」の視点での指導が必要だと考えられます。

③自立活動の項目を絞る

「1　健康の保持」については，「(4)障害の特性の理解と生活環境の調整に関すること」が，最もヒロさんの実態の改善のために有効であると考えられます。

「3　人間関係の形成」については，自分が他者に対して危険な行為をしていることを自覚したり，そのような他者へのかかわり方が改善できるように自分自身を調整したりしていくことから，「(3)自己の理解と行動の調整に関すること」を選択することが適当であると考えられます。

「4　環境の把握」については，「危険」または「安全」という概念を理解できるようにしていくことが必要であると考えられます。このような概念の理解については，「(5)認知や行動の手掛かりとなる概念の形成に関すること」の項目が該当します。

【ヒロさんに必要な自立活動の区分と項目】

1　健康の保持

　(4)障害の特性の理解と生活環境の調整に関すること

3　人間関係の形成

　(3)自己の理解と行動の調整に関すること

4　環境の把握

　(5)認知や行動の手掛かりとなる概念の形成に関すること

---

④コンテンツの選定

- -

　5年生は「研究系のコンテンツ」を行っていくことが可能な学年です。「研究系のコンテンツ」を行うことで，ヒロさんの課題である「危険や安全についての理解」について研究していくという学習活動が設定できます。

　今回の授業では，自分自身のことについて研究するのではなく，仮想の事例を作成し，その事例について考えていくという設定にしました。

⑤授業案

- -

・授業名：悩みを解決しよう

・目　標：他者に対する助言を考える中で，「危険や安全」についての理解
　　　　　を図る。

学習活動	指導上の留意点
1．あいさつ，学習の準備，授業の予定の確認等（5分）	・授業予定については，視覚的に示しておく。
2．ジコさんの悩みについて知る（5分） ・ジコさんの悩みについて書かれている部分を読む。 ・教師とのやりとりを通して，「交通事故を防ぐにはどうしたらよいか」という課題設定を行う。	・ワークシートを使用する。
3．インターネットで情報を得る（15分） ・得た情報は，ワークシートに記入する。	・検索の仕方は適宜指導する。
4．ジコさんへのアドバイスを考える（15分） ・3で得た情報をまとめて，プレゼンテーションを作成する。	・プレゼンテーションの作成方法については，適宜指導する。
5．振り返りをする（5分） ・自立活動の視点での振り返りができるようにしていく。	

⑥授業のポイント

　本授業では，いくつかのポイントがあります。

「探究的な学習」の過程

　探究の課程は，①課題の設定，②情報の収集，③整理・分析，④まとめ・表現というステップを踏んでいくことが，「総合的な学習の時間」の学習指導要領でも示されています（「研究系のコンテンツ」参照）。

　本時の学習活動を，この探究の過程に照らし合わせてみると，以下のようになります。

①課題の設定：「ジコさんのお悩みに対して助言をする」という課題の設定。

②情報の収集：インターネットで，「交通事故を防ぐにはどうしたらよいか」ということを検索して，情報を集める。

③整理・分析：交通事故を防ぐための要素として，「もしかして（危険予測）」「とまる（一時停止）」「みる（安全確認）」「まつ（安全確認）」「たしかめる（再確認）」に端的にまとめる。

④まとめ・表現：③で整理・分析した情報を，ジコさんに対してわかりやすいプレゼンテーションでまとめる。

このような探究の過程は，在籍学級の「総合的な学習の時間」で行っているものと同じです。したがって，通級指導でイチから教えるというのではなく，「この前，クラスでやったのと同じだよ」というように過去の学習経験を思い出しながら，本時の活動に取り組めるようにしていくとよいでしょう。

このような子どもの学びに関する部分で，在籍学級と連携を図っていくことも通級指導では大切にしたいところです。

仮想キャラクターの設定

通級指導の「研究系のコンテンツ」では，自分自身についての研究（自分研究）を行うことがよくあります。

しかし，自分自身のことを研究的な視点で分析していくということにハードルがある子どももいます。

その場合は，自分自身ではなく，「ジコさん」のように仮想のキャラクターを作り，そのキャラクタ

ジコさんのお悩み

ぼく、外に出るのがこわいんだ。
どうしてかというと、交通事故がこわいから。
このまえ、車にぶつかりそうになったんだ。
本当は外で遊ぶのが大好きなんだけど。
どうしたら、交通事故にあわないようになるのか
教えてほしいです。

情報収集「交通事故を防ぐには？」	
もしかして（危険予測）	
とまる（一時停止）	みる（安全確認）
まつ（安全確認）	たしかめる（再確認）

ーのことを研究していくという方法があります。これは「外在化」という手法です。

「ジコさんの悩みを解決する」という立ち位置を取ることで，ヒロさんも考えやすくなることが期待できます。

振り返りの指導

本時では，以下の自立活動の項目との関連を図っています。

1　健康の保持

　(4)障害の特性の理解と生活環境の調整に関すること

3　人間関係の形成

　(3)自己の理解と行動の調整に関すること

4　環境の把握

　(5)認知や行動の手掛かりとなる概念の形成に関すること

「障害の特性の理解」や「自己の理解」に関することは，本時の中では直接的には扱いません。これが行われるのは，授業の最後の振り返りの活動です。振り返りの活動は，1時間の授業の振り返りという意味だけにとらわれずに，ヒロさんの日常も含めた振り返りが行えるようにするとよいでしょう。

このような「障害の特性の理解」や「自己の理解」に関する振り返りは，心理的な安全性が確保されている場で行われる必要があります。特に通級指導の教員にとっては，子どもの心理的な安全性をどのように確保していくかというところを考えていく必要があるでしょう。

交通事故を防ぐには

1．もしかして　（危険予測）
2．とまる　　（一時停止）
3．みる　　　（安全確認）
4．まつ　　　（安全確認）
5．たしかめる　（再確認）

読むことが苦手な子ども

①子どもの実態

> ショウさん　小学校４年生　男子
>
> 　ショウさんは，読むことが苦手な子どもです。
>
> 　４年生になり，特に国語科の授業において，窓の外を見ていたり，机に突っ伏していたりするなどの様子が見られています。国語科のテストは，ほぼ白紙状態です。そのことを本人に尋ねると，「長い文章を読めないからあきらめている」と言っています。
>
> 　一方，体育科や音楽科，図工科などは意欲的に取り組んでいます。ショウさんは鉄道が好きなので，休み時間は友だちと「鉄道クイズ」を出し合って遊んでいる様子も見られます。

②必要な自立活動の区分を選定する

> 【ショウさんの実態と自立活動の区分の対応関係】
> ・読むことが苦手な傾向が見られる。④
> ・国語科の授業において，窓の外を見ていたり，机に突っ伏していたりする。②
> ・「長い文章を読めないからあきらめている」と言っている。②

ショウさんの「読むことが苦手な傾向が見られる」というのは，文字というデザインの把握ができていないということもできるので，「4　環境の把握」の区分に該当すると考えられます。

　「国語科の授業において，窓の外を見ていたり，机に突っ伏していたりする」という実態は，意欲が低下している状態だということができます。したがって，「2　心理的な安定」の区分に該当します。「長い文章を読めないからあきらめている」という実態も，意欲の低下と関連しているので，「2　心理的な安定」の区分に該当するといえます。

　これにより，ショウさんの自立活動の指導は，「2　心理的な安定」と「4　環境の把握」に重点をおけばよいことがわかりました。

③自立活動の項目を絞る

　「2　心理的な安定」については，ショウさんは国語科に対して意欲を失っている状態だといえます。このことから「(3)障害による学習上又は生活上の困難を改善・克服する意欲に関すること」を選定することが適当であると考えられます。

　「4　環境の把握」については，4年生という学年を考慮すると，2章で取り上げた「いろいろなICTを試す」が参考になります。したがって，「(3)感覚の補助及び代行手段の活用に関すること」を選定します。

```
【ショウさんに必要な自立活動の区分と項目】
 2　心理的な安定
　(3)障害による学習上又は生活上の困難を改善・克服する意欲に関する
　　こと
 4　環境の把握
　(3)感覚の補助及び代行手段の活用に関すること
```

④コンテンツの選定

　意欲面に課題のある子どものコンテンツの選定にあたっては，子どもが好きなことや得意なことを考慮するとよいでしょう。その方が，意欲的に学習に取り組みやすくなるからです。

　ショウさんは，「鉄道が好きで，休み時間は友だちと『鉄道クイズ』を出し合って遊んでいる」という実態があります。したがって，クイズ系のコンテンツから，「鉄道クイズづくり」を学習活動の中心とすることにしました。

　「鉄道クイズづくり」は，PowerPoint で音声付きのスライドを作成して行うことにします。この活動を通して，読むことを ICT で補うことができるスキルを身に付ける指導を考えていきます。

⑤授業案

・授業名：音声付きの鉄道クイズをつくろう
・目　標：PowerPoint で音声を用いる方法があることを知り，他の学習活
　　　　　動でも使ってみようとする意欲をもつ。

学習活動	指導上の留意点
1．あいさつ，学習の準備，授業の予定の確認等（5分）	・1時間の授業の流れを表示する。
2．鉄道クイズをつくる（10分） (1)本やインターネット等の画像を用いてクイズをつくる。 (2)本のページをカメラで撮影する。インターネットの場合は，画像を保存する。 3．PowerPoint でクイズの音声付きスライドを作成する（20分） (1)スライドに画像（鉄道の写真）を貼り付ける。 ・PowerPoint の操作方法【挿入】→【画像】	・教師は適宜，相談に応じたり，作成方法について助言したりする。

(2)スライドに音声データファイルを貼り付ける。 ・PowerPoint の操作方法【挿入】→【オーディオ】→【オーディオの録音】→問題を読み上げ，それを録音する。	・本人が問題を読み上げることを嫌がる場合は，教師が代わりに読み上げる。
３．クイズを出題する（５分） ・友だちや教師に対して出題する。	・後日，在籍学級の担任にも見せる。
４．振り返りをする（５分） ・学校のテストに応用できるかを検討する。	

⑥授業のポイント

　この音声付きスライドは，在籍学級での国語科のテストでも用いることができます。国語科のテストをPowerPoint で音声付きのテストに作り替えるのです。ショウさんは，この授業で経験を得るので，在籍学級のテストで使用することのハードルは下がると思われます。

ChatGPT を用いた授業づくり

> **Check!**
>
> 生成 AI で自立活動の指導案を作成する！
> ① ChatGPT を安全に利用する
> ② ChatGPT を授業づくりに活用する

　ChatGPT をはじめとする生成 AI を教育現場で活用していく取り組みが見られるようになってきました。

　ここでは，ChatGPT を通級指導担当の仕事にどのように活用できるかを考えてみたいと思います。なお，本書の情報は2023年11月時点のものです。

① ChatGPT を安全に利用する

　通級指導担当の仕事に，ChatGPT はどのように活用できる可能性があるのでしょうか。

授業づくりの相談相手

　通級指導担当として，やはり仕事の中心は日々の授業づくりだと思います。通常の学級のように教科書があるわけではありませんので，基本的には子どもに応じたオリジナルな授業を毎時間考えていかなければなりません。

　しかし，毎時間オリジナルの授業を考えていくことは，とても大変なことです。特に，通級指導担当となって経験の浅い教師にとっては，なかなか授業のアイデアが浮かばないことも多いのではないでしょうか。

　通級指導担当にとって，ChatGPT は授業づくりの相談相手になれる可能

性があります。もしかしたら，とても頼れる存在になるかもしれません。

ChatGPT の使用方法

　ChatGPT を利用するためには，まずユーザー登録が必要です。

　そして，ChatGPT が利用できるようになったら，ChatGPT に質問を入力するだけです。これで，ChatGPT がいろいろな回答を出してくれるようになります。

　ChatGPT の登録方法や利用方法については，最新情報をチェックしてください。

ChatGPT を安全に使用するために

　また，ChatGPT を学校現場で使用することについては，様々な議論があります。

> ChatGPT は，間違った情報を出すことがあるって聞いたけど……

> 外部に個人情報が流出してしまうのでは？

　このような心配もあることと思います。

　ChatGPT の使用にあたっては，情報の信頼性や個人情報の保護など，配慮する事項がいくつかあります。ChatGPT を学校現場で安全に使用していくためには，文部科学省，各自治体や学校等のガイドラインに従って使用することが必要です。

　ガイドラインに従って，配慮事項をクリアし，安全に使用することができれば，ChatGPT は通級指導担当にとって便利なツールとなるでしょう。

② ChatGPT を授業づくりに活用する

では，ChatGPT を用いて，自立活動の授業づくりを行ってみます。

ChatGPT は，人間が質問を入力することによって，すべてが始まります。この質問の入力文章のことを「プロンプト」といいます。

したがって，まずプロンプト（入力文章）をどのように書くかというところが，技法のポイントになります。

プロンプトに入力してはいけない情報

プロンプトに入力してはいけない情報を確認しておきましょう。それは，子どもに関する個人情報です。

【プロンプトに入力するべきではない個人情報】

・子どもの氏名

・子どもの生年月日

・学校名

・所属学級　等

プロンプトに入力する情報

では，プロンプトにどのような情報を入力すれば授業づくりのアイデアが生まれるでしょうか。

【プロンプトに入力する情報】

・通級指導教室の授業であること

・指導案をつくるということ

・授業時間

・指導形態（個別指導か小集団指導か）

・子どもの主訴
・関連する自立活動の区分

プロンプトの作成

例えば，このような感じで ChatGPT のプロンプトを作成してみます。

あなたは通級指導教室の教師です。以下の子どもに対して45分間の個別指導を行いたいと考えています。どのような指導案が考えられますか？

#主訴
余計な一言を言ってしまう小学校２年生の子ども

#関連する自立活動の区分
・人間関係の形成
・コミュニケーション

このプロンプトによって，ChatGPT は以下のように回答しました。

以下は，通級指導教室での個別指導のための指導案の例です。

1．イントロダクション（5分）
・子どもとの対話を通じて，彼や彼女の主訴や具体的な困りごとについて詳しく聞きます。
・彼らがどのような人間関係やコミュニケーションの困難を抱えているのかを理解します。

2．感情の認識とコントロール（10分）

・子どもに感情の認識とコントロールの重要性を教えます。感情を理解し，適切な方法で表現することが大切です。
・感情のカードや絵カードを使って，子どもが自分の感情を認識し，それに適切に対応する方法を学ぶ活動を行います。

３．適切なコミュニケーションスキルの学習（10分）
・子どもに適切なコミュニケーションスキルを学ぶ機会を提供します。言葉遣いや声の大きさに気をつけることや，他の人の意見を尊重することを教えます。
・ロールプレイやシナリオを通じて，具体的な会話のシチュエーションでの適切な応答方法を練習します。

４．ソーシャルスキルの強化（10分）
・子どもが他の人との関係を築くためのソーシャルスキルを強化します。協力や思いやりの気持ち，相手の気持ちを考えることを学びます。
・グループ活動やパートナーシップの練習を通じて，他の人と協力するスキルを養います。

５．フィードバックと振り返り（5分）
・子どもの進捗状況を評価し，ポジティブな成果を強調します。
・彼らの自立活動のスキルや習慣の向上に向けた具体的なアドバイスを提供します。

６．結論と次のステップ（5分）
・指導のまとめとして，人間関係の形成とコミュニケーションスキルの重要性を再強調します。
・子どもの質問や意見を受け付け，次回の指導に向けた計画を立てます。

回答のブラッシュアップ

　ChatGPT の回答を読むと，ちょっと違和感があります。

　例えば，「2．感情の認識とコントロール（10分）」の活動では，「子ども
に感情の認識とコントロールの重要性を教えます」とありますが，抽象的す
ぎて，何をやるのかがわかりません。

　このような箇所については，もう一度 ChatGPT に質問してみます。

【追加した質問】
子どもに感情の認識とコントロールの重要性を教える方法にはどのよう
なものがありますか？

【ChatGPT の回答】
子どもに感情の認識とコントロールの重要性を教える方法はさまざまで
す。以下にいくつかの具体的な方法を挙げてみます。

1．感情のラベリング：子どもには感情の名前や表現方法を教えること
から始めましょう。例えば，喜び，悲しみ，怒り，驚きなどの感情を具
体的に説明し，それぞれの感情に対する一般的な表現や身体の反応を共
有します。子どもたちが感情を正しくラベリングすることで，自分自身
や他人の感情をより正確に認識することができます。

2．感情の表現の許容：（中略）

3．感情に関する話し合い：（中略）

4．感情の身体的なサインの認識：（中略）

５．感情のコントロール戦略の学習：（中略）

６．影響力のある人物のモデリング：（中略）

これらの方法を組み合わせて子どもたちに感情の認識とコントロールの
重要性を教えることで，彼らの感情的な成熟と社会的なスキルの発達を
促進することができます。

「１．感情のラベリング」の説明は，かなり具体的です。これに基づいて，
「表情カード」を使って，表情と言葉をマッチングするような学習活動が考
えられます。

子どもの「ねらい」に合っているかどうかを確認する

　ChatGPT に繰り返し質問していくと，対象となる子どもの実態からどん
どん離れていってしまうことがあります。
　最終的に生成された指導内容が，対象となる子どもの「ねらい」とちゃん
と整合しているかを確認しなければなりません。
　この例では，対象となる子どもは「余計な一言を言ってしまう小学校２年
生の子ども」でした。その子どもに対して，「３　人間関係の形成」と「６
コミュニケーション」の指導を行うことが目的でした。
　たしかに，「１．感情のラベリング」の指導は，余計な一言を言ってしま
わないようにするために，相手がどのような気持ちになってしまうかの理解
につながると考えられます。これは「３　人間関係の形成」と「６　コミュ
ニケーション」の指導として妥当であるといえます。

ChatGPT は授業づくりアシスタント

　ChatGPT で指導案づくりを行うと，やはりその精度の粗さから，細かい
ところが完璧でないことに違和感を抱く方もいるでしょう。

改めて ChatGPT は相談相手であり，授業づくりアシスタントであるということを認識する必要があります。

　もちろん無理をして使う必要はありません。しかし，ChatGPT を使用することで「そういう方法もあったか」と気づけることがあれば，通級指導担当の授業力の向上にもつながっていくものと思われます。

おわりに

本書では，自立活動を「コンテンツとプロセス」で授業づくりをしていくことを提案しています。

実はこの「コンテンツとプロセス」の考え方は，ファシリテーションの技法からアイデアを拝借いたしました。

ファシリテーションとは，会議などの場面で「参加者が意見を出しやすくなる」「ゴールに向かいやすくなる」というような「○○しやすくなる」ための技法のことです。

見知らぬ人がたくさん集まる会議の場において，「意見を出してください」といきなり言われても，なかなか発言できるものではありません。そのようなときに「参加者が意見を出し<ruby>や<rt>ヽ</rt></ruby>す<ruby>く<rt>ヽ</rt></ruby>なる」手立てがなされていれば，参加者としてはありがたいものです。

通級指導担当の技法も一言で言うなら，子どもが「○○しやすくなる」ための技法であるということができると思います。

人間は誰しも，自分の課題に向き合うことは難しいものです。できないことや苦手なことに対しては，どうしても避けたくなってしまうものです。

通級指導教室は，子どもができないことや苦手なことに向き合う必要が出てくる場です。そのようなとき，「自分の課題を改善しやすくなる」「苦手なことが克服しやすくなる」指導が，まさに通級指導担当に求められる技法ではないかと思うのです。

本書で紹介した数々の技法が，子どもが通級指導教室で学びやすくなるためのものになることを願っています。

本書の出版にあたり，企画・構想段階からご指導・ご支援いただきました明治図書出版の茅野現様に，心より感謝申し上げます。

参考文献

2章

- タルマ・ローベル『赤を身につけるとなぜもてるのか?』文藝春秋　2015年
- 川上ちひろ,木谷秀勝(編著)『発達障害のある女の子・女性の支援―「自分らしく生きる」ための「からだ・こころ・関係性」のサポート』金子書房　2019年
- 宮﨑英憲(監修)『インクルーシブ教育システム時代の就学相談・転学相談　一人一人に応じた学びの実現を目指して』ジアース教育新社　2021年
- 坂本旬,山脇岳志『メディアリテラシー　吟味思考を育む』時事通信社　2021年
- 堀正嗣『子どもアドボケイト養成講座―子どもの声を聴き権利を守るために』明石書店　2020年
- 上岡一世『特別支援教育　新学習指導要領を踏まえたキャリア教育の実践』明治図書　2019年
- 速水敏彦『内発的動機づけと自律的動機づけ―教育心理学の神話を問い直す』金子書房　2019年
- 鹿毛雅治『学習意欲の理論―動機づけの教育心理学』金子書房　2013年
- 河野昭典『メンタルによる運動障害「イップス」かもしれないと思ったら,まず読む本』BABジャパン　2014年
- モナ・デラフーク『発達障害からニューロダイバーシティへ―ポリヴェーガル理論で解き明かす子どもの心と行動』春秋社　2022年
- 「障害のある子供の教育支援の手引～子供たち一人一人の教育的ニーズを踏まえた学びの充実に向けて～」文部科学省　2021年
- 桑原知子『教室で生かすカウンセリング・アプローチ』日本評論社　2016年
- 岩瀬利郎『発達障害の人が見ている世界』アスコム　2022年
- モリナガアメ(著)高木潤野(解説)『話せない私研究―大人になってわかった場面緘黙との付き合い方』合同出版　2020年
- らせんゆむ『私はかんもくガール―しゃべりたいのにしゃべれない　場面緘黙症のなんかおかしな日常』合同出版　2015年
- 中邑賢龍『どの子も違う―才能を伸ばす子育て　潰す子育て』中央公論新社　2021年
- 山内祐平『学習環境のイノベーション』東京大学出版会　2020年
- 波多野誼余夫,稲垣佳世子『無気力の心理学―やりがいの条件(改版)』中央公論新社　2020年

- 米澤好史『愛着障害・愛着の問題を抱えるこどもをどう理解し，どう支援するか？　アセスメントと具体的支援のポイント51』福村出版　2019年
- 水内豊和『身近なコトから理解する　インクルーシブ社会の障害学入門―出雲神話からSDGsまで―』ジアース教育新社　2023年
- 藤本文朗，小野川文子（監修）小畑耕作，近藤真理子，宮本郷子（編著）『人権としての特別支援教育』文理閣　2022年
- 赤堀博行『「特別の教科　道徳」で大切なこと』東洋館出版社　2017年
- 高田明和『「敏感すぎて苦しい」がたちまち解決する本―HSP＝敏感体質への細やかな対処法』廣済堂出版　2017年
- 伊藤絵美『セルフケアの道具箱―ストレスと上手につきあう100のワーク』晶文社　2020年
- 熊谷敬子（監修）安藤瑞穂（著）『ADHD のコーチング　実行機能へのアプローチ―「わかっていても，やる気が出ない，続かない」への対応策』図書文化社　2019年
- 大前暁政『心理的安全性と学級経営』東洋館出版社　2023年
- 髙宮静男『学校で適切に対応したい児童・生徒の困りごと55―続・学校で知っておきたい精神医学ハンドブック―』星和書店　2022年
- 長尾博『ケースで学ぶ不登校―どうみて，どうする』金子書房　2022年
- 増田謙太郎『特別支援教育の視点で考える学級担任の仕事術100』明治図書　2023年
- 飯村周平『HSP の心理学―科学的根拠から理解する「繊細さ」と「生きづらさ」』金子書房　2022年
- 高田裕美『奇跡のフォント　教科書が読めない子どもを知って―UD デジタル教科書体　開発物語』時事通信社　2023年
- 平井聡一郎（編）『GIGA スクール構想で進化する学校，取り残される学校』教育開発研究所　2021年
- 佐藤里美（監修）『特別支援教育ですぐに役立つ！ICT 活用法』学研教育みらい　2018年
- 河野俊寛，平林ルミ『読み書き障害（ディスレクシア）のある人へのサポート入門』読書工房　2022年
- 一般社団法人日本福祉のまちづくり学会　身体と空間特別研究委員会（編）『ユニバーサルデザインの基礎と実践―ひとの感覚から空間デザインを考える』鹿島出版会　2020年
- 石嶋洋平（著）安藤昇（監修）『子どもの才能を引き出す最高の学びプログラミング教育』あさ出版　2018年
- 三宮真智子『メタ認知―あなたの頭はもっとよくなる』中央公論新社　2022年
- 増田謙太郎『「音楽」のユニバーサルデザイン　授業づくりをチェンジする15のポイント』明治図書　2019年
- アズ直子『アスペルガーですが，妻で母で社長です。―私が見つけた"人とうまくいく"30

のルール』大和出版　2011年
- 坂井聡『知的障害や発達障害のある人との　コミュニケーションのトリセツ』エンパワメント研究所　2019年
- 石黒圭『語彙力を鍛える　量と質を高めるトレーニング』光文社　2016年
- 平木典子『カウンセリング・スキルアップのこつ―面接に活かすアサーションの考え方』金剛出版　2022年
- 吉野明『女の子の「自己肯定感」を高める育て方』実務教育出版　2018年
- 下山晴彦，黒田美保（監修）高岡佑壮（著）『発達障害のある人の「ものの見方・考え方」―「コミュニケーション」「感情の理解」「勉強」「仕事」に役立つヒント』ミネルヴァ書房　2021年

3章
- 喜多好一（編著）『通級指導教室　発達障害のある子への「自立活動」指導アイデア110』明治図書　2019年
- 熊谷晋一郎（監修）森村美和子（著）『特別な支援が必要な子たちの「自分研究」のススメ―子どもの「当事者研究」の実践』金子書房　2022年

4章
- 喜多好一（編著）『通級指導教室　発達障害のある子への「自立活動」指導アイデア111 Part 2』明治図書　2022年
- 宮口幸治（編著）石附智奈美，井阪幸恵（著）『社会面のコグトレ　認知ソーシャルトレーニング②　対人マナートレーニング／段階式問題解決トレーニング編』三輪書店　2020年
- 井上賞子『学びにくさのある子への読み書き支援―いま目の前にいる子の「わかった！」を目指して』学研プラス　2022年
- 福原将之『教師のための ChatGPT 入門』明治図書　2023年

【著者紹介】
増田謙太郎（ますだ　けんたろう）
東京学芸大学教職大学院准教授。
東京都町田市出身。東京都公立小学校教諭（特別支援学級担任），東京都北区教育委員会指導主事を経て，現職。専門はインクルーシブ教育，特別支援教育。
主な著書に『特別支援教育コーディネーターの仕事術100』『特別支援学級担任の仕事術100』『通級による指導担当の仕事術100』『特別支援教育の視点で考える学級担任の仕事術100』『学びのユニバーサルデザイン UDL と個別最適な学び』（すべて明治図書）などがある。

特別支援教育の技法

通級指導担当のための
「アセスメントと個別指導」の技法

2024年7月初版第1刷刊 ©著　者	増　　田　　謙　太　郎
発行者	藤　原　光　政
発行所	明治図書出版株式会社

http://www.meijitosho.co.jp
（企画）茅野　現（校正）中野真実
〒114-0023　東京都北区滝野川7-46-1
振替00160-5-151318　電話03(5907)6702
ご注文窓口　電話03(5907)6668

＊検印省略　　　組版所 中　央　美　版

本書の無断コピーは，著作権・出版権にふれます。ご注意ください。
Printed in Japan　　ISBN978-4-18-354238-0

もれなくクーポンがもらえる！読者アンケートはこちらから→

特別支援教育
コーディネーターの
仕事術 100

増田 謙太郎 著

本書では、特別支援教育コーディネーターが仕事をうまく回していく秘訣を大公開。校内支援体制の構築から外部機関との連携、保護者対応まで、様々な角度から"できる"コーディネーターになる仕事術を100取り上げました。特別支援教育の推進に必ず役立つ1冊です！

A5判 152ページ／定価 2,090円(10% 税込)
図書番号 2936

通級による指導担当の
仕事術 100

増田 謙太郎・松浦 千春 著

本書では、通級による指導担当の仕事をうまく回していく秘訣を大公開。様々な課題がある子どもへの指導・支援から教室運営、各所との連携まで、様々な角度から"できる"通級による指導担当になる仕事術を100取り上げました。必ず役立つ1冊です！

A5判 160ページ／定価 2,046円(10% 税込)
図書番号 4388

特別支援学級担任の
仕事術 100

増田 謙太郎 著

本書では、特別支援学級担任が仕事をうまく回していく秘訣を大公開。教育課程の作成から各教科・自立活動等の指導、学級経営、子ども理解まで、様々な角度から"できる"特別支援学級担任になる仕事術を100取り上げました。

A5判 168ページ／定価 2,310円(10% 税込)
図書番号 3857

学びのユニバーサルデザイン
UDL と個別最適な学び

増田 謙太郎 著

これからの時代は、一人一人が最適な学び方を選択する時代になるといわれています。本書では、まず「学びのユニバーサルデザイン」(UDL)と「個別最適な学び」の考え方について解説します。そして、それを日々の授業実践にどう生かしていくのか、提案します。

四六判 240ページ／定価 2,310円(10% 税込)
図書番号 3298

明治図書　携帯・スマートフォンからは **明治図書 ONLINEへ** 書籍の検索、注文ができます。▶ ▶ ▶

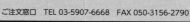

http://www.meijitosho.co.jp　＊ 併記4桁の図書番号（英数字）で、HP、携帯での検索・注文が簡単に行えます。

〒114-0023　東京都北区滝野川7-46-1　ご注文窓口 TEL 03-5907-6668　FAX 050-3156-2790